欠发达地区
创新发展研究

刘志高　叶尔肯·吾扎提 等　著

科学出版社
北　京

内 容 简 介

新时代，我国社会主要矛盾已经转化为人民日益增长的美好生活需要和不平衡不充分的发展之间的矛盾。如何解决区域不平衡，促进欠发达地区的发展是当前和今后区域研究的重要课题。本书从理论基础和案例研究两个角度，探讨欠发达地区创新发展的理论和实践问题。首先，在系统总结国内外创新系统和欠发达地区研究进展的基础上，构建欠发达地区创新发展研究的理论分析框架。然后，通过评估创新发展现状与存在问题，科学识别发展机遇，提出欠发达地区创新发展总体战略思路，并从产业发展方向、创新平台建设、空间布局、合作机制等方面明确创新发展重点工作领域。

本书可供人文地理、城市与区域规划、区域经济学等专业研究生，以及城市与区域规划领域的工作者参考使用。

图书在版编目（CIP）数据

欠发达地区创新发展研究／刘志高等著．—北京：科学出版社，2023.12
ISBN 978-7-03-069203-0

Ⅰ.①欠⋯ Ⅱ.①刘⋯ Ⅲ.①不发达地区-区域经济发展-研究-中国 Ⅳ.①F127

中国版本图书馆 CIP 数据核字（2021）第 111616 号

责任编辑：杨逢渤／责任校对：樊雅琼
责任印制：赵 博／封面设计：无极书装

科学出版社 出版
北京东黄城根北街16号
邮政编码：100717
http://www.sciencep.com

北京建宏印刷有限公司印刷
科学出版社发行 各地新华书店经销
*
2023年12月第 一 版 开本：787×1092 1/16
2024年 8 月第二次印刷 印张：7 3/4
字数：180 000

定价：128.00 元
（如有印装质量问题，我社负责调换）

前　言

"欠发达"是相对于"发达"的一种相对落后的社会经济状况。党的十九大报告明确指出：中国特色社会主义进入新时代，我国社会主要矛盾已经转化为人民日益增长的美好生活需要和不平衡不充分的发展之间的矛盾。如何解决区域不平衡，促进欠发达地区的发展是当前和今后一段时间我国区域管理和经济地理学研究的重要课题。2016年，习近平总书记明确指出，"越是欠发达地区，越需要实施创新驱动发展战略"，"欠发达地区可以通过东西部联动和对口支援等机制来增加科技创新力量，以创新的思维和坚定的信心探索创新驱动发展新路"。

新疆地处我国西部，是欠发达地区，也是我国丝绸之路经济带核心区。党中央、国务院长期以来始终把新疆工作摆在战略全局高度。在新时代，新疆承载着落实创新驱动发展战略、推进"一带一路"建设和贯彻治疆方略三大历史使命。新疆维吾尔自治区、新疆生产建设兵团坚决贯彻落实习近平总书记系列重要讲话精神，特别是关于创新发展的新理念和新思想，把创新作为新疆实现社会稳定和长治久安总目标的重要抓手，作为丝绸之路经济带核心区建设的重要支撑。

2015年8月，新疆维吾尔自治区党委决定联合科学技术部（简称科技部）、中国科学院和深圳市，启动建设丝绸之路经济带创新驱动发展试验区（简称新疆创新试验区），并在2016年10月签署了《试验区建设合作备忘录》，率先开展创新驱动发展改革试验，探索具有新疆特色的创新路径、创新模式和创新机制。2017年11月，科技部、国家发展和改革委员会联合印发文件，批复新疆开展丝绸之路经济带核心区创新驱动发展试验。2018年11月，《国务院关于同意乌鲁木齐、昌吉、石河子高新技术产业开发区建设国家自主创新示范区的批复》中指出，"积极开展科技体制改革和机制创新，加强资源优化整合，在培育优势特色产业集群、科技创新重大平台建设、科技成果转化、人才培育引进、科技金融结合、知识产权运用与保护、面向中西亚合作创新等方面探索示范，努力创造出可复制、可推广的经验"。

为加快丝绸之路经济带核心区建设，推进新疆创新驱动发展，在中国科学院"新疆可持续发展研究"专项资助下，中国科学院地理科学与资源研究所联合中国科学院科技战略咨询研究院、中国科学院大学经济与管理学院、中国科学技术发展战略研究院、新疆维吾尔自治区科技发展战略研究院、商务部国际贸易经济合作研究院、中央财经大学等单位，成立了"新疆创新发展研究小组"，探讨丝绸之路经济带核心区（新疆）创新发展问题。为凝练课题研究成果，总结我国欠发达地区创新发展新模式、新思路，本书以新疆为例，从理论基础和案例研究两个方面，探讨欠发达地区创新发展的理论和实践问题。

首先，从理论基础方面在系统总结国内外创新系统和欠发达地区研究进展的基础上，构建欠发达地区创新发展研究的理论分析框架。然后，在案例研究方面以新疆为例，通过评估创新发展现状与存在问题，科学识别发展机遇，研究提出新疆创新发展总体战略思路，并从产业发展方向、创新平台建设、空间布局、合作机制等方面明确新疆创新发展重点工作领域。

本书是课题组集体研究的成果，课题组全体成员参加并共同设计。全书共七章。第一章由叶尔肯·吾扎提撰写，第二章由刘志高、陈伟、周青、朱华友撰写，第三章由刘志高、张薇撰写，第四章由叶尔肯·吾扎提撰写，第五章由柳卸林和徐晓丹撰写，第六章由牛新民、李荣和乔刚等撰写，第七章由刘志高、杨兆萍、张建平、刘慧、星焱、温珂、龙开元、叶尔肯·吾扎提、陈明星、高菠阳、宋涛等参与，共同完成。

本书的研究成果在形成过程中，得到新疆维吾尔自治区科技厅等有关部门的大力支持，得到中国科学院"新疆可持续发展专项——新疆经济社会发展新动能和区域发展战略研究"课题组组长、中国科学院地理科学与资源研究所金凤君研究员的悉心指导。限于作者的水平与时间仓促，书中不足之处在所难免，敬请读者给予批评指正。

刘志高　叶尔肯·吾扎提

2021 年 8 月

目　录

理　论　篇

第一章　欠发达地区发展理论研究 ………………………………………… 3
　第一节　概念界定 ……………………………………………………… 3
　第二节　欠发达地区的衡量与界定 …………………………………… 3
　第三节　欠发达地区基本特征研究 …………………………………… 4
　第四节　发展经济学视角下的欠发达地区研究 ……………………… 7
　第五节　创新经济学视角下的欠发达地区研究 ……………………… 10

第二章　关于创新系统理论研究 ……………………………………………… 12
　第一节　创新的概念 …………………………………………………… 12
　第二节　国家创新系统理论 …………………………………………… 12
　第三节　区域创新系统理论 …………………………………………… 13
　第四节　创新系统理论演进及其理论体系关系 ……………………… 14
　第五节　科技创新理论进展 …………………………………………… 18

案　例　篇

第三章　新疆经济发展现状 …………………………………………………… 25
　第一节　新疆经济整体概况 …………………………………………… 25
　第二节　产业发展现状 ………………………………………………… 27
　第三节　科技创新发展现状 …………………………………………… 34

第四章　机遇与挑战 …………………………………………………………… 38
　第一节　面临的机遇 …………………………………………………… 38
　第二节　面临的挑战 …………………………………………………… 40

第五章　新疆科技创新能力评估 ……………………………………………… 43
　第一节　新疆科技创新能力评估指标选取概述 ……………………… 43
　第二节　新疆科技创新能力评价 ……………………………………… 44
　第三节　新疆科技创新发展取得的成绩 ……………………………… 46

第四节　新疆科技创新发展中存在的问题……………………46
第六章　新疆同中亚科技合作的现状与未来展望…………………54
　　第一节　回顾与现状……………………………………………54
　　第二节　成就与问题……………………………………………55
　　第三节　未来与展望……………………………………………57
　　第四节　措施与建议……………………………………………59
第七章　新疆创新驱动发展的总体思路………………………………61
　　第一节　总体思路与目标………………………………………61
　　第二节　创新方向与模式………………………………………63
　　第三节　创新要素规划…………………………………………81
　　第四节　体制机制创新…………………………………………96
　　第五节　空间布局………………………………………………98
　　第六节　援疆合作模式……………………………………… 102
参考文献…………………………………………………………………… 109

理 论 篇

第一章 欠发达地区发展理论研究

第一节 概念界定

"欠发达"是相对于"发达"状态的一种表述,反映一个地区相对落后的社会经济状况。英国经济学家琼·罗宾逊认为欠发达经济是指那些不满于当前经济状态而迫切要求发展的经济,每个经济都曾一度是不发达的,即使现在被认为是发达的经济,在历史上也都经历过一个加速积累的艰苦过程。欠发达国家或地区开始成为发展文献中常用的术语,这一术语含有比较的意思,即有些国家或地区比较发达,有些国家或地区比较不发达(张培刚,2001)。

与"欠发达地区"一词相近的有,"落后地区""贫困地区""发展中地区"等。与"落后地区"这一词相比,"欠发达"不仅代表的是对这些国家或地区的尊重,同时也可以反映后期该国家或地区发展转型鲜明的特色和一个动态过程的基本轮廓。"贫困地区"单纯是指人均收入水平低的经济区域。"发展中地区"与"欠发达地区"意思相同,但是国外(美国、英国等)多将发展中地区用于对其内部经济欠发达地区的称呼。

所谓欠发达地区,是指那些低度开发的落后地区或者边缘地区,其发展缓慢且受多重因素的制约,尚未突破"起飞"转折点(吴国春,2004)。相对于发达地区而言,欠发达地区资源禀赋弱、经济总量少、人均收入低、积累能力和建设能力不足,大部分区域尚未打破自然经济基本格局。从地理空间范围来看,欠发达地区是一个相对概念,经济发展中的"发达"与"欠发达"地位将不断地演化。

第二节 欠发达地区的衡量与界定

如何衡量欠发达地区?不同机构和学者对此有不同的理解,机构划分的标准也不尽相同,类似的衡量标准较为多样。世界银行认为人均GDP是衡量标准,把国家按这一标准划分为发展中国家和发达国家。欧洲经济共同体将农业占国民经济中比例高的区域认为是欠发达地区。

学界开展此类研究较多。美国经济学家迈克尔·托达罗对欠发达地区的衡量标准进行了描述:数量和质量上都十分低下的生活水平;缺乏自我尊重(个性、尊严、尊敬、敬意);非常有限的自由。同时,他指出,"欠发达地区在经济上的表现就是低下的收入水平;低下的劳动生产率;高失业率和就业率不足"。我国学者杨伟民(1997)借鉴人类发展指数的基本方法,对我国欠发达地区的界定进行了分析，包含10个指标：一是人均收入指数；二是产业结构指数，包括产业的就业结构和产值结构；三是投资指数，根据各地固定资产投资额及人口计算；四是城乡差距指数，以各地农村居民人均可支配收入占城镇居民人均可支配收入的份额代表城乡差距；五是基础设施指数，是各地铁路密度和公路密度的综合；六是教育程度指数，包括成人识字率和15岁以上人口平均受教育年限；七是城市化指数；八是生活水平指数，包含农村居民人均可支配收入和城镇居民人均可支配收入；九是预期寿命指数；十是人口负担指数。崔满红（2005）认为，欠发达地区是对社会整体发展水平的一种描述，涵盖经济、文化、教育、科技、卫生等综合性领域，包括三个方面内容：一是社会本体与社会发展不适应；二是社会投入水平低下或结构不合理；三是社会成果水平低下或结构不合理。

衡量方法归纳起来有四种：一是众所周知的统计学方法，如变异系数、基尼系数、塞尔熵指数等；二是公理法，用其推导出合乎愿望特征的不平衡指标；三是建立社会安全函数，并根据这一函数推导出不平衡指标；四是模型法，通过建立空间分析模型、经济增长模型等模拟区域发展的不平衡性（刘慧，2006）。目前，国内外广泛应用的是统计学方法。

随着时代进步，其评价内容与方法也在不断更替。按照过去思路，仅把经济增长作为发展的全部，这个方法并不正确。

第三节 欠发达地区基本特征研究

欠发达地区是一个多领域、多层次和动态化的相对概念。多领域是指欠发达地区不仅包括经济领域的落后，还包括社会、生态和制度领域的落后。多层次是指相对于发达国家，发展中国家无论是整体或局部都是欠发达的。例如，在我国内部，相对于东部地区而言，西部地区属于欠发达地区；同时，一个发达地区内部，同样存在欠发达区域和发达区域。欠发达地区又属于动态范畴，在不同发展阶段，同一个经济地区的发达与欠发达的身份不同，并且衡量标准也不同；受历史、区位和观念等条件的影响，欠发达地区与发达地区在经济社会发展水平上存在较大差距，但该地区往往在制度上不断创新，发展潜力巨大，在新一轮经济增长中很有可能实现快速增长，进而成为经济发达地区。

国内外对欠发达地区的认定不一，但一般认为其具有以下六个基本问题。

（1）地理区位相对偏远，自然条件普遍较差。这里的地理区位是同地理位置有联系又有区别的一个概念。自然条件普遍较差是指降水量不高、耕地面积少等，有些地方还不具备基本生存环境，易形成封闭单元。加上后天对自然资源的不合理利用，欠发达地区生态环境恶化，造成植被破坏、草场退化、水土流失、土地荒漠化等严重后果。从历史上看，欠发达地区一般都被认为经济基础差，而其原因之一是没有区域优势、自然条件差。

（2）经济发展落后，产业结构单一。欠发达地区一个显著特征就是与发达地区相比较所表现出来的落后性，主要表现为产业结构单一，无论是在先进的发达国家，还是在落后的欠发达国家，都不例外。欠发达地区的产业结构主要分为两类：一类是农业占主导地位，工业发展落后，基本以初级资源开发性产业为主；另一类是重工业有了一定基础，以本地区矿产、森林等自然资源开采、加工为主导产业，但经济结构的单一导致就业结构的单一，在资源面临枯竭、企业经营乏力时，失业问题就会显现。总之，欠发达地区的整体经济能力低下，无论是经济总量规模，还是人均水平都不及发达地区，产业集聚缺乏方向。

（3）基础设施水平低。这是欠发达地区的普遍性问题。欠发达地区交通闭塞、通信不便、供水供电不足、城市建设落后，基础设施成了制约其经济发展的一大瓶颈。受自然条件限制，欠发达地区生活及生产布局分散，交通骨架尚未形成，各种运输方式缺乏有效的衔接，拉高了建筑成本，进而严重制约了基础设施的建设发展。同时，自然环境恶劣，地形条件复杂，农村规模较小且布局零星，导致建设难度大。

（4）人才等发展性资源[①]稀缺。欠发达地区经济发展能力和社会发展程度弱于发达地区，生产要素"由里向外"流出较为严重，导致发展性资源稀缺。例如，人才是最基本的发展要素，然而欠发达地区最紧缺的就是人才。受待遇水平、工作环境、发展前景等因素影响，欠发达地区现有院校、企业很难吸引人才。同时，欠发达地区高等教育水平落后，培养本地人才的难度很大，更容易形成人才洼地。

（5）积累能力弱，吸引投资不足。欠发达地区最明显的问题是资金很难积累。这种问题导致欠发达地区不能利用现有条件拓宽资金来源，进一步加剧资金不足的问题。一个地区的经济发展水平与投资水平有很强的关联性。导致区域差异的原因很多，但是投资肯定是其中之一。总体投资额偏低，投资来源较为单一，私营及外资占总投资额的比例较低，这些都是欠发达地区的普遍特征。可以认为，改善投资环境及提高自身的"造血"功能才是根本。

（6）市场体系不健全，思想观念较为落后。对欠发达地区来讲，其人才市场、资本市场以及技术市场还未完全建立，与周边发达地区的差距较为明显。在发达地区较为积极地实施优惠政策，如减免税、吸引外资等时，很多欠发达地区在这方面依旧是空白或根本无法实施这些优惠政策，这使得区域间的交流与合作很难按市场经济的秩序执行。其根本原因是市场观念淡薄、思想观点落后。由于在信息方面严重滞后，整个社会处于半封闭状态，甚至民众缺乏进取意识、市场意识，这直接造成他们在经济活动中处于被动、落后的地位。再加上部分地方政府过于"管着项目"，市场的调控作用被减弱，项目实施效果下降。

以上是国内外欠发达地区的一般社会经济基本问题，其同样也反映出贫困、二

[①] 发展性资源是指人才、资本、信息、管理、科技等，与包括土地、矿产、农副产品、水、劳动力等的基础性资源相对应。

元社会经济结构、民族聚居、贫富差异大等问题。由于国家制度、自然资源、社会条件和经济体制的不同，欧美发达国家在对欠发达地区进行的政策措施设计上虽有不同，但仍存在诸多共性之处。其中，中央政府所采取的政策主要包括六点（陈宏，2012）：一是国家对政府区域援助政策的实施给予高度重视；二是政府实施援助政策的目标十分明确；三是政府区域援助政策的实施方式灵活多样；四是依法保障政府区域援助资金的来源；五是政府高度重视欠发达地区的基础设施建设；六是坚持以法治化保障政府区域援助政策的连续性和稳固性。例如，从20世纪30年代起，美国政府就开始注意解决区域差异问题，先后制定了若干法案，来解决西部和南部的经济发展不平衡问题（谢守红，2000）。

我国政府运用"欠发达地区"这个词是在2005年，即中央召开经济工作会议在会议报告中首次提出"欠发达地区"这一概念。《中共中央关于制定国民经济和社会发展第十一个五年规划的建议》在"促进区域协调发展"这一部分的"健全区域协调互动机制"中提到了两点："健全互助机制，发达地区要采取对口支援、社会捐助等方式帮扶欠发达地区""健全扶持机制，按照公共服务均等化原则，加大国家对欠发达地区的支持力度，加快革命老区、民族地区、边疆地区和贫困地区经济社会发展"。我国的经济区域划分为东部、中部、西部和东北四大地区，欠发达地区主要集中在西部地区。其中，西部地区包括内蒙古、广西、重庆、四川、贵州、云南、西藏、陕西、甘肃、青海、宁夏和新疆。

我国学界在较早时期就对该领域进行了研究。欠发达地区研究领域的理论水平与发展速度在一定程度上可以由文献数量的变化反映出来。基于《中国学术期刊（网络版）》全文数据库（中国知网 http：//www.cnki.net/），以"欠发达地区"为检索关键词，筛选出文献发表时间为"1957~2021年"的论文18 868篇（图1-1）。分析发现，1957~1991年，发文量在45篇左右，发表较少。1992~1999年，发文量缓慢增加，发表文献1100篇，欠发达地区研究主题开始受到关注。2000~2007年，发文量在快速增长，发表文献5546篇，并于2007年达到1412篇的峰值，这可能与2005年"欠发达地区"首次被中央文件提出有关。

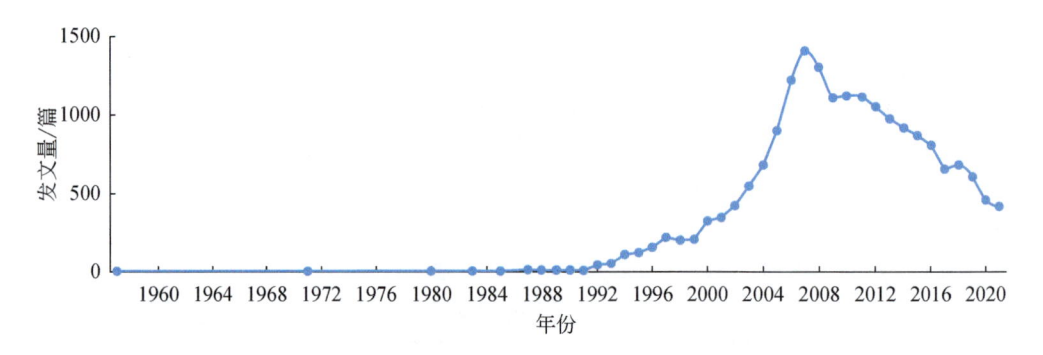

图1-1 "欠发达地区"相关研究的发文量变化趋势

2008年至今，与欠发达地区研究相关的论文慢慢减少，到2020年降至460篇。从国内研究情况来看，研究议题多集中于经济发展与区域差异、新农村建设、新型城镇化以及对策研究等。

第四节 发展经济学视角下的欠发达地区研究

发展经济学是第二次世界大战后逐渐形成并兴起的一门新兴学科（彭刚和黄卫平，2007）。它属于综合性与应用性很强的经济学科，通过运用多种发展理论、经济体制和可行性对策进行比较的方法，研究经济落后地区从欠发达状况转变为发达状况的内在规律。

一、主要理论思路

从发展经济学视角来看，欠发达地区发展的各种理论可以划分为结构主义、新古典主义、新制度主义、新增长主义等理论思路。

结构主义强调欠发达地区经济体系的结构刚性特征，落脚于国家政策。欠发达地区的内部结构特点表现为具有部门、地理空间上的二元结构，外部结构的刚性特征则体现在欠发达地区与发达地区的不平衡关系上。结构主义的核心就是结构转换。然而，结构主义过分强调政府干预的作用。不应将治理的重任单单压在政府之上，而应考虑多方面参与的治理主体。

新古典主义的理论核心是市场与价格机制，其反对国家干预，认定发展过程中各参与主体利益相一致。新古典主义有关欠发达地区的理论与政策主张属于单纯经济分析，忽视了历史、政治、制度等因素的重要性，而这些因素在欠发达地区尤为关键。

新制度主义运用新古典主义的分析方法，从历史、政治、制度等因素出发探讨欠发达地区经济发展，该思想更加贴近欠发达地区的事实，而且对经济学理论有重要贡献。

新增长主义强调经济增长是一个区域内部力量特别是内生技术变化的现象，高度重视技术、知识和专业化人力资本的递增收益、外溢效应及其对区际竞争、国际竞争产生的影响，强调政策干预的作用。总之，以上理论思路在分析欠发达地区时各有所长，也各有所短。

二、若干理论观点

国际对欠发达地区的研究颇多，主要理论观点如下。

1）贫困恶性循环论

美国经济学家讷克斯（Nurkse）（1966）在其专著《不发达国家的资本形成问

题》中认为，欠发达地区在经济上十分落后，原因之一是该地区经济中存在若干相互联系、相互影响的恶性循环，特别是贫困，而这一恶性循环的成因则是资本稀缺问题。如何打破这种困局？必须大幅度增加储蓄与投资，促进资本形成。贫困恶性循环论正确反映了贫困这一重要特征，但该理论过分强调储蓄和资本的作用，而在很多境遇下，这不符合欠发达地区的实际。

2）低水平均衡陷阱理论

美国经济学家纳尔逊（Nelson）(1956) 在其发表的论文 *A theory of the low-level equilibrium trap in underdeveloped economies* 中认为，欠发达地区进入低水平均衡陷阱的原因是人口的过快增长阻碍人均收入的迅速提高。因为人均收入很低，导致资本难以形成和投资规模不足，造成人均收入的增长会被更快的人口增长所抵消。大规模的投资可以使产出增幅大于人口增长，让欠发达地区经济增长冲出陷阱。该理论成为均衡发展战略、临界最小努力理论的理论依据。但是，该理论忽视了技术进步对经济发展的作用。

3）循环积累因果关系论

瑞典经济学家默达尔（Myrdal）(1957) 提出了循环积累因果关系理论，认为收入水平过低是导致欠发达国家贫困的关键因素，当该国家人均收入水平很低时，就会导致方方面面的要素不足，进一步导致贫困。当然，造成低收入的原因很多，来自社会、经济、政治和制度等方面，这里重要原因之一就是收入分配不均。循环积累因果关系论主张改革土地、教育等制度，做到收入分配平等，最终提高收入水平，该理论对新制度经济学产生了较大影响。

4）临界最小努力理论

美国经济学家莱宾斯坦（Leibenstein）(1957) 提出了临界最小努力理论，认为欠发达地区需要实行大规模投资，使投资水平或投资率达到足以使人均收入的增长超过人口增长、人均收入大幅度提高的水平，从而实现稳定增长，这个投资水平就是临界最小努力。他认为要实现临界最小努力，必须具备大众创新意识、风险意识、追求经济增长的动机、合适的投资环境、企业家群体的形成、新技术的开发和应用等，并特别提出受传统价值观念和行为方式的束缚，欠发达地区经济很难发展的观点。

5）缺口理论

切纳里（Chenery）和斯特劳特（Strout）(1966) 最早提出两缺口模式，认为欠发达地区在储蓄、外汇、吸收能力等方面的有效供给与实现经济发展目标所必需的资源需求量之间存在缺口，即储蓄缺口和外汇缺口，而利用外资是弥补这两个缺口的有效手段。该模式探讨了欠发达地区内部资源不足情况下，利用外资、实行对外开放的必要性。之后，依次有三缺口模式与四缺口模式，增加了技术约束和税收缺口。

6）发展极理论

发展极理论最初由法国经济学家佩鲁（Perroux）（1955）提出，20世纪60年代，法国经济学家布代维尔从空间特征上进一步论证了该理论。一般来讲，发展极是由主导部门和有创新能力的企业在某些地区或大城市聚集发展而形成的经济活动中心。地理意义上，发展极指区位条件较好的区域，即通过极化和扩散效应带动整个区域的经济发展。欠发达地区必须建立各类发展极，通过其自身发展和功能发挥，带动该区域的整体发展。现在很多发展中国家将发展极理论作为实践的理论依据。

7）中心-边缘理论

美国经济地理学者弗里德曼（1966）在前人基础上深化了中心-边缘理论。该理论试图解释一个区域如何从互不联系，到彼此联系，但又处于不均衡的区域系统。这种不平衡状态主要与所在区域的政治、社会、经济发展水平有关。中心区与边缘区共同构成一个完整的二元空间结构，技术、资本、信息等要素集中于中心区，边缘区缺乏这些要素以及经济自主性。该理论对非平衡发展战略有重要影响，即应该优先发展中心区，并通过中心区的快速发展带动边缘区。

8）倒U形发展理论

倒U形发展理论最早由美国经济学家威廉姆森（Williamson）（1965）提出，其认为在经济发展状态早期，区域差距不断扩大，不均衡现象尤为突出，而伴随经济的进一步发展，区域间差距逐渐缩小，不平衡趋势也将缩小。面对这种不平衡现象，阿隆索将其归结为五种"钟形曲线"，认为区域间经济增长率差异增大，社会不平等扩大，区域间收入差距拉大，区域间城市化水平差距拉大及区域间人口增长率差异扩大，但经过发展的一个特定转折点后，这些差异将趋于收敛（肖慈方，2003）。虽然该理论将均衡理论与经济发展联系起来的思路很有意义，但其结论受到很多人的怀疑。

9）梯度推移理论

梯度推移理论认为，一国内部不同区域在经济发展中存在差异，也就是梯度差，高梯度地区通过不断创新并不断向外扩散求得发展，中、低梯度地区通过接受扩散或寻找机会跳跃发展并反梯度推移求得发展。高梯度区域的发展取决于其产业结构和主导门类。如果其主导产业由处于创新阶段的专业部门构成，则说明该区域具有发展潜力（侯景新，1999）。该理论认为应合理利用这种梯度差异，将经济发展基础优异的区域作为高梯度区域，进行产业布局和重点扶持，等发展水平提高后，再发展欠发达地区，最终实现各区域平衡。

10) 二元结构论

二元结构论分为空间二元结构论和产业二元结构论。空间二元结构论是默达尔在《经济理论和不发达地区》中提出的，他认为新古典经济发展理论所采用的传统静态均衡分析方法不符合欠发达国家和地区的实际，应选择动态的非均衡思路和结构主义方法来研究欠发达地区经济发展问题。保持具有较强增长势头的区域，由这些区域的扩散效应来带动周边欠发达地区的发展。同时，区域差异不能太大，应该为欠发达地区制定相应的政策措施鼓励其经济发展。产业二元结构论由威廉·阿瑟·刘易斯（William Arthur Lewis）（1954）提出，他认为传统部门的剩余劳动力随现代部门不断扩大而减少，也就是传统部门将面临现代化要求，因此欠发达地区应当优先发展现代化产业，扩大利润收入者阶层，不断积累资本。

此外，还有大推进理论、主导产业理论等很多理论，此处不再详述。学术界关于我国经济发展问题的研究很多，特别是对欠发达地区的研究。从发展经济学视角，主要包括我国经济发展与经济增长的制度因素研究、我国二元经济结构研究、我国农村经济发展问题研究、城市化与工业化问题研究、产业结构调整研究、人力资本研究、投资研究等（吴国春，2006）。理论和实践成果丰富，完善了中国特色的发展经济学理论体系。

第五节　创新经济学视角下的欠发达地区研究

2016年7月，习近平总书记指出，"越是欠发达地区，越需要实施创新驱动发展战略""欠发达地区可以通过东西部联动和对口支援等机制来增加科技创新力量，以创新的思维和坚定的信心探索创新驱动发展新路"。对资源禀赋、发展条件与水平均较差的欠发达地区来说，创新是其摆脱困境的必经之路。这也是我国第一次将"创新"与"欠发达地区"两个概念紧密联系在一起。

国外并没有形成较为完善的创新理论体系（安同良和姜研，2021）。虽然很多学者对欠发达地区的创新发展研究越来越关注，但仍处于起步阶段，需要深入的实证研究和理论研究。例如，整个创新理论没有充分考虑欠发达地区的综合环境，以及这种环境如何促进或阻碍创新产品、技术和服务的发展。国内很多学者一直探索中国特色国家创新体系的理论建构（龚刚等，2017）。例如，柳卸林（1998）、洪银兴（2017）等的研究，而创新经济学视角下的欠发达地区研究偏少。

国际上的创新经济学更多的是对发达地区如何创新进行研究，而对欠发达地区的创新发展缺乏足够的重视（刘曙光和徐树建，2002）。国内也是如此，以西方区域创新理论为主，缺乏体现中国特色的区域创新体系研究（具体见第二章），而且重复西方的理论方法，反而又回到研究发达地区的老路子。

目前，国内这一领域研究同样偏少。郭淑芬（2009）在其专著《欠发达地区创新系统研究》中分析了欠发达地区的创新特点，并以山西为案例，提出了基于创新集群的欠发达地区创新系统梯度模式，以及形成发展路径。邹再进（2006）在其专著《欠发达地区区域创新论——以青海省为例》中以青海为案例从区域创新系统的构建、区域创新模式的选择、区域创新的空间组织和区域创新的制度安排等方面出发，对欠发达地区区域创新的有关问题进行了探讨。

区域创新可以总结为以下内容（邹再进，2006）：①技术创新与欠发达地区经济发展的关系；②技术创新与欠发达地区的跨越式发展；③欠发达地区的技术跨越；④欠发达地区技术创新的特殊性；⑤欠发达地区构建科技创新体系的对策与措施；⑥欠发达地区的技术创新模式；⑦欠发达地区政府推进技术创新的机制；⑧欠发达地区部分产业及民营企业的技术创新；⑨某些特定的欠发达地区的区域创新案例等。总之，纵观研究文献发现，学界缺乏对欠发达地区创新发展的深入认识。

第二章 关于创新系统理论研究

第一节 创新的概念

创新是指通过人的复杂性思维过程所创造产生的还未存在的事物和观念，以及这种事物和观念形成的创造性活动。一般情况下，创新是主动的、有目的的行为，是对旧事物的本质性变革或改进，它对经济发展、社会进步起着直接或间接的推动作用。

按照熊彼特 1912 年发表的 *The Theory of Economic Development*（《经济发展理论》）的观点，创新可以分为五个类型，即①新的产品；②新的工艺；③新的供应源；④新的市场；⑤新的创新主体组织方式。Freeman 和 Soete（1997）基于熊彼特理论的创新分类，根据已有技术和新技术的差异程度，把创新分为增量性（渐进性）创新和根本性创新（技术革命）。根本性创新（技术革命）可以对经济和社会的变革产生巨大且直接的影响，而要实现根本性创新（技术革命）的经济和社会收益，则需要长期不断的增量性（渐进性）创新和改进。

创新的职能是通过创新主体的发明和创造，将革新性的变化引入经济社会领域，并通过这种创新来促进经济和社会的长期快速平稳增长。创新对长期的经济发展而言极其重要，是经济发展的源泉，是社会进步的动力。创新的特点有以下几点。①创新具有新颖性的特点。新颖性是创新最主要的特点。②创新具有动态性的特点。创新必须是一个动态的、不断发展的过程，随着历史经济社会的不断变化，任何创新都不是一劳永逸的，只有不断地进行创新和变革，才能跟上日新月异的经济社会的变迁。③创新具有系统性的特点。创新并不是单一的过程，其往往与其他组织相互依赖和进行合作，对外部资源的依赖也是创新具有系统性的原因。④创新具有趋前性的特点。创新的产生受经济和社会发展的影响，从历史发展的角度来看，社会是不断向前发展的，所以创新必然有着趋前性的特点。⑤创新具有风险性的特点。创新的过程和结果并不是确定的，创新对经济社会的影响可能是积极的，也可能是消极的，创新有着不确定性的风险。

第二节 国家创新系统理论

国家创新系统理论的形成源于经济领域的实践活动与科学研究。该理论主要研究创新与国家经济增长之间的关系，解决国家经济可持续增长中的理论问题，是 20 世纪 90 年代初在西方技术经济学中兴起的一种理论。继新古典经济学派、新熊彼特学派之后，国家创新系统理论已经成为系统研究创新对经济增长的影响的一个重要经济理论框架。

英国经济学家克里斯托弗·弗里曼（Christopher Freeman）1987年研究日本如何迅速成为工业化大国时，首次提出了国家创新系统的概念，并指出创新系统是国家内部系统组织及其子系统间的相互作用。理查德·纳尔逊（Richard Nelson）1993年在《国家创新系统》一书中，对美国和日本等国家和地区的资助技术创新的国家制度体系进行了比较分析，同时还提出了大学、政府和企业在新技术生产中的作用。而经济合作与发展组织（Organization for Economic Co-operation and Development，OECD）对国家创新系统的定义是：一种在公、私领域里的机构网络，其活动和行为启发、引进、修改和传播新技术，是政府、企业、大学、研究院所、中介机构之间为寻求一系列共同的社会和经济目标而建设性地相互作用，并将创新作为系统变化和发展的关键动力系统。

因此，国家创新系统是参与和影响创新资源配置及其利用效率的行为主体、关系网络和运行机制的综合体系。国家创新体系具有国家创新资源的配置功能、国家创新制度与政策体系建设功能、国家创新基础设施建设功能和部分创新活动的执行功能。国家创新体系有系统性、网络性、制度创新性、组织学习性等几个基本特性。其中，要准确理解国家创新体系的本质内涵，必须把握以下三点。

一是非线性创新模式（Nonlinear Model of Innovation）。创新是各种行为者与机构之间复杂的相互作用的结果。技术变革不是按照精确线性顺序出现，而是产生于系统的各种反馈循环之中。这个系统的核心之一是企业、企业组织的生产和创新方式、企业获得外部信息的渠道。这些外部信息可能来源于其他企业、公共和私立研究机构、大学或技术转移机构，既有地区性的，又有全国性和国际性的。

二是企业是创新的主体。创新是生产要素的重新组合，这种组合需要企业家通过市场来实现，技术创新需要很多与企业有关的特定知识；科研机构和高校都是重要的技术创新源，其在国家创新系统中的作用至关重要；教育培训是知识生产、应用和传播的重要环节；不同层次、不同领域的中介机构提供的咨询服务是沟通知识流动的重要环节，是推动知识和技术扩散的重要途径。

三是将创新视为在既有制度基础上逐步积累发生的（Edquist，1997；Lundvall，1992）。制度论对技术创新、组织学习、政策形成与市场形成提出了相当独特的看法，认为技术学习与创新主要发生在特定的空间区域内，而在一个区域内所发生的创新技术的经济利益是没有空间可移转性的，也就是说技术领先的区域享有经济发展的成果，其他地区不大可能复制或者分享这些经济成果。

第三节 区域创新系统理论

区域创新系统理论是在"后福特主义""产业群""区域的崛起"等经济实践和经济理论展开后得到发展的概念，它以系统的、动态演化的观点将新区域科学中的制度、文化、组织等因素和新马克思主义、新熊彼特主义的创新研究在市场机制起主导作用的背景下结合起来，以解释区域进行系统化创新的能力、潜力以及对制度、组织等环境条件的要求，从而建立区域学习创新、地方环境和区域增长之间的有机联系，组成一个分析区域创新和区域经济发展的有效理论框架。

具体而言，区域创新系统是指区域创新网络各个结点（企业、大学、研究机构、政府等）在协调作用中结网而创新，并融入区域的创新环境中形成的系统。区域创新系统具有开放性、本地性、动态性和系统性等特点。

较早和较全面地对区域创新系统进行理论及实证研究的是英国卡迪夫大学的库克教授（Cooke，1992，1995，1996；Cooke and Morgan，1994；Cooke et al.，1997，1998）。1998年，Braczyk等在专著《区域创新系统：全球化背景下区域政府管理的作用》中对区域创新系统的概念进行了较为详细的阐述，认为区域创新系统主要是由在地理上相互分工与关联的生产企业、研究机构和高等教育机构等构成的区域性组织体系，这种体系支持并产生创新。同时，Wiig（1995）、Asheim 和 Isaksen（1997）、Cassiolato 和 Lastres（1999）、Carlsson（1999）等，也从不同角度论述了区域创新系统的概念。

最初的区域创新系统研究，一方面继承了国家创新系统的具体思想，以新的视角来表述经济主体、企业和市场的关系，以动态的方法强调历史、日常习惯、环境和机构对企业的影响；另一方面按照自上而下的方法，将国家创新系统分析方法和工具，直接运用到区域层面上。后来的研究又吸收了管理学中学习的思想（Storper，1993）、产业群理论（Porter，1990）、区域网络和区域创新环境、价值链方法，并借鉴了经济社会学的网络方法。

区域创新系统综合了20世纪80年代以来有关技术与区域发展政策讨论的各种思想火花，将企业群思想、创新管理的制度方法以及支持企业发展的各种政策有机结合起来，把它们在区域层次上系统化，从而解释了高科技时代区域发展的各种问题。区域创新系统理论致力于解释地区经济布局以及区域高技术产业、科技园、创新网络和创新项目政策的影响。

区域创新网络是区域创新的主要形式。区域创新网络中的关键网络结点特性、信息流动以及网络秩序是一个区域创新的关键要素。

第四节 创新系统理论演进及其理论体系关系

一、从国家到区域的创新系统研究

创新研究真正发展到"系统范式"，应该归功于国家创新系统理论的发展。国家创新系统的学者试图回答的主要问题是为什么不同国家具有不同的发展能力，他们基本遵循熊彼特传统，特别关注技术创新过程、技术创新产生的技术经济基础、技术轨迹与技术范式、技术创新扩散等问题。弗里曼首先提出了国家创新系统的概念。而 Lundvall（1992）、Nelson（1993）、Metcalfe（1995）、OECD（1996）等提出的国家创新系统研究与弗里曼的国家技术创新研究相比，不仅注重对企业技术创新的研究，而且注重研究知识的产生和积累，以及对知识的传播和人力资本的研究。普遍公认的国家创新系统概念是经济合作与发展组织给出的，即国家创新系统是一组机构的集合，新技术的发展和扩散可以由该机构集合共同推动，也可以由各自分别推动，政府按照其框架，形成和执行关于创新的政策，它们是创造、储存和转移知识、技能和新技术的相互联系的机构系统（OECD，1996，1997）。

中国对国家创新系统的研究始于20世纪90年代初期，1996年中华人民共和国国家科学技术委员会和加拿大国际发展研究中心合作对中国十年的科技政策进行评价并出版了第一份系统介绍中国国家创新系统的报告《十年改革：中国科技政策》，它为进一步研究中国国家创新系统打下了基础。柳卸林（1998）不仅对国家创新体系的概念进行了描述，还分析了其对中国的意义，并提出了相关建议。其后，冯之浚、李正风等对国家创新系统的研究使国家创新系统受到了更广泛的关注。进入21世纪，一些学者开始研究制度和国家创新系统的互动作用（王露等，2002；彭宜新和邹珊刚，2002）。此外，国内学者结合对中国国家创新系统的研究，主要从要素、特点、中介服务机构等方面对国家创新系统进行理论与实证研究。

然而，随着全球化和通信技术的发展，经济活动一方面表现为全球范围的扩散，另一方面空间聚集和本地化趋势越来越明显。全球和国家财富越来越集中在少数地区。财富的竞争，不再表现为以国家为单元进行竞争，而更多的是表现为区域竞争力。为此，创新系统的地理学概念不断被提出，如区域创新系统、产业集群创新系统、区域创新环境等，其中区域创新系统最引人注目，并受到学术界、政府部门的高度重视。这些创新系统的概念主要讨论创新系统的空间组织方式，因此均属于空间创新系统范畴。

区域创新系统由库克教授于1992年正式提出。Braczyk 等在其撰写的《区域创新系统：全球化背景下区域政府管理的作用》一书中，对区域创新系统的概念进行了较为详细的阐述。继库克之后，Asheim 和 Isaksen（2002）、Doloreux（2002）、Buesa 等（2006）也对区域创新系统进行了定义。对于区域创新系统结构的研究，不同学者提出了不同的观点，但普遍认为区域创新系统由主体要素、功能要素和环境要素构成。Autio（1998）提出了区域创新系统由"知识应用和利用子系统"和"知识产生和扩散子系统"构成的概念。Smits 和 Kuhlmann（2004）则认为区域创新系统由区域政治系统、区域教育系统和研究系统、区域产业系统、区域创新系统四部分组成，这四部分相互联系、相互作用。在区域创新系统的评价方面，学者普遍认同的是美国的国家创新能力指数和经济合作与发展组织的"科学、技术和产业计分表"以及欧盟的创新记分牌。

目前，区域企业创新活动的内外因素、区域技术创新和合作是否或者在多大程度上根植于当地的区域创新系统等问题成为区域创新系统研究的热点和前沿问题。

例如，Fromhold-Eisebith（2004）以德国亚琛地区为案例分析了创新环境与社会资本的差异性和一致性。Doloreux 等（2003）以瑞典东部地区为案例对区域创新系统进行了分析，主要考察该地区技术创新和合作与该地区的区域创新系统是否存在根植关系。盖文启和王缉慈（1999）以中国北京中关村地区为例，分析了区域的技术创新模型及区域创新网络，并提出了政府应该在提高区域创新能力方面发挥作用。陈丹宇（2007）分析了中国长江三角洲（简称长三角）区域创新网络的形成，在探索长三角区域创新网络非同质化实质和三个创新群的外溢效率的内在逻辑关系的基础上，构建了基于效率的长三角区域创新网络形成内在机理的理论研究框架。

二、创新系统的产业技术领域研究

20 世纪 90 年代，在国家创新系统和技术系统研究的基础上，Breschi 和 Malerba（1997）结合演化经济学论和动态学习理论，提出了产业创新系统概念。他们把产业创新系统定义为：产业创新系统是由特定产品构成的系统，这些产品的创造、产生、销售需要市场和非市场的互动，而这些互动可以由一系列部门提供。Malerba（2005）指出了产业创新系统的优点，认为产业创新系统与国家创新系统、区域创新系统相比，不存在边界模糊的问题，更容易理解参与者和他们的交互作用，更易于区分学习、创新和生产过程，并呈现产业的变动以及区分企业、国家在不同产业中的表现。Malerba（2005）认为产业创新系统由知识与技术、行为者与网络以及制度三个模块组成，而张治河等（2006）将技术系统移入产业创新模型，并创造性地加入了评价系统，构建了产业创新系统模型，该模型包括四个子系统，分别是产业创新技术系统、产业创新政策系统、产业创新环境系统和产业创新评价系统。

产业创新系统的学者非常关注特定产业的实证研究，如 Breschi 和 Malerba（1997）研究了传统部门、机械行业、汽车行业、计算机主机行业和软件行业，分析了不同产业创新系统的技术体制以及熊彼特创新模式的动力、创新者的地理分布和创新过程的知识边界。Malerba 等（2008）模拟了生物和半导体产业演化过程，并发现 20 世纪 80 年代以来两大产业相互促进、共同发展。张治河（2003）则依据国家创新系统和技术系统理论研究中国光电子产业创新系统。柳卸林（2006）在 Malerba 以进化经济学和系统论研究产业创新系统的基础上，构建了适用于中国不同产业的抽象模型，并研究了中国造船业技术创新。毛睿奕和曾刚（2010）以浦东生物医药产业创新网络作为实证案例，基于集体学习机制，从网络个体与整体结构差异出发，分析和总结结构差异下不同创新网络模式特点。不同产业的创新具有不同的特点，且目前的研究只是针对各个产业的创新进行单一的研究，统一、完善的产业创新系统研究体系尚未形成。

三、几大创新系统理论关系辨析

创新系统研究进入系统范式后大致沿着两个维度发展：一是以国家创新系统、区域创新系统为代表的空间创新系统；二是以产业创新系统为代表的产业技术创新系统。那么这些创新系统概念之间存在着什么样的共同点，又有什么样的差异呢？

（一）国家创新系统、区域创新系统与产业创新系统的共同点

无论是空间创新系统、还是产业技术创新系统，都关注经济动力，都将创新视为经济发展的根本动力，并坚持系统思维。不管是国家创新系统、区域创新系统还是产业创新系统，都包括促进知识的生产、扩散、储存、转移、传播和应用的机构，即包括了知识创新体系（大学、科研结构等）、技术创新体系（企业等）、知识传播和应用体系（学校、社会、企业等）、技术创新服务体系（创新服务机构）。同时，它们不仅强调各行为主体创新活动的重要性，还更重视各创新主体之间的互动作用，认为需要协调和处理好各主体、各部门之间的关系。因此，创新系统的学者特别重视各种体制和制度在促进知识生产、交流和应用中的作用。

另外，上述创新系统都以制度经济学和演化经济学作为直接的理论基础。具体来讲，国家创新系统是以技术创新理论、人力资本理论和新增长理论为理论基础。而区域创新系统的构建也受到系统论、国家创新系统理论、区域经济学、创新经济学、制度经济学等学科和理论的影响。产业创新系统则以国家创新系统理论、技术系统理论、演化经济学为基础。演化经济学主张时空情景的特定性和历史的、动态的研究观点，强调创新的破坏性作用、历史重要性和"技术–制度"的协同演化，认为经济变迁过程也是经济活动空间变化的过程，是理解经济活动的动力机制的重要理论工具。而制度经济学则关注经济运行的正式的制度（如国家法律、政策）和非正式的制度（如文化习惯、信任），为理解不同国家、不同区域，乃至不同产业之间的创新绩效差异提供了理论分析基础。

（二）国家创新系统与区域创新系统关系分析

由于区域创新系统所作用的边界存在着不确定性，国家创新系统与区域创新系统的关系比较复杂。区域创新系统的区域边界可以是一国内部独立的行政边界，也可以是跨国的、跨区域的。但是在没有特别说明的情况下，区域创新系统的区域边界一般是指亚国家尺度的行政边界。国家创新系统与区域创新系统之间既相互联系又相互区别。区域创新系统是国家创新系统的子系统。国家创新系统是否具有竞争力部分取决于其内部各区域创新系统的绩效。但是这并不意味着区域创新系统是一个独立的和封闭的系统。相反，在技术全球化时代，企业可与区域或国家建立外部学习通道来弥补本区域自身的不足，也就是说，更高尺度的（如国

际、国家和跨区域）技术、政策系统会影响本区域的创新系统绩效。但区域创新系统一般会受到多层行政管理，行政部门的政策或推动或制约区域创新系统的发展。一般而言，国家创新系统强调的是一国范围内的创新系统，其反映的是国家战略的目标和意志，而区域创新系统强调的是一国内部一定的地理空间范围内的创新系统，体现的是区域发展战略目标。

（三）产业创新系统与国家创新系统、区域创新系统的关系

产业创新系统、国家创新系统与区域创新系统的关系比较复杂。由于产业创新系统不仅避免了国家创新系统和区域创新系统的行政区域边界与经济区域边界不一致的状况，而且考察了技术特性基础上的产业部门在创新过程中的技术转移和供需联系，因而有学者认为产业创新系统是超越区域边界，乃至超越国家边界的。这种情况在欧洲较为常见（Malerba，2002）。但在案例研究中，产业创新系统中的产业往往是一国或区域的产业，产业创新系统可以被认为是国家创新系统或区域创新系统的子系统，由此可见，国家创新系统和区域创新系统包含若干个产业创新系统。这里需要注意的是，产业创新边界动态性并不意味着产业创新系统可以与国家和区域环境完全分离。相反，国家和区域内部的制度环境、技术基础设施、创新主体之间的关系都很大程度上制约着产业创新系统。因此，产业创新系统必然具有明显的区域特性或国家特性。

第五节 科技创新理论进展

一、科技创新与经济增长

随着社会的进步和经济的发展，科技创新已逐渐成为经济社会改革和发展的重要驱动力。科学技术发展的动力源泉就是创新，创新可以向社会源源不断地提供经济、社会前进所必需的新知识、新观念、新技术、新工艺或新服务。科技创新逐渐成为解放生产力和锐意进取不断发展的重要标志与基础保障，成为一个地区、一个国家乃至一个民族发展进程的决定性因素。就科技创新的内在含义而言，其既包括新知识、新技术、新工艺、新发现或者新发明的创造，又包括改造旧事物并使其得以出现新的形式或新的组合方式进而为生产力服务。可以说，科技创新不仅是科学技术知识的创新，还是生产过程中物质和技术条件的创新，更是人力资源素质或劳动技能水平的创新。

熊彼特在"市场中企业的目的是追逐超额利润"的假设下，认为科技创新的出现会促使其他企业对科技创新者的创新进行模仿，在这种足够多的企业进行模仿的环境下，市场会产生大规模的创新浪潮，并使科技创新聚集在区域内部，从而促进区域经济迅速增长。在这样一种群体模仿和创新集聚的环境下，企业很难长期保持

技术上的领先，而为了不断追逐超额利润，企业必须不断投入、不断进行科技创新来保持其技术上的领先，于是这又引发了新一轮的模仿与创新集聚。而区域经济则是在这一轮又一轮的创新—模仿—创新集聚的循环往复中不断得到推动与发展。可以说，科技创新通过不断促进区域企业集群发展，提升了区域内部企业整体的科技创新能力，加快了技术扩散的速度，形成了规模区域经济效益，提升了区域经济整体实力，有利于平衡我国区域经济水平，尤其是对欠发达区域来说，科技创新对区域经济的促进作用尤为重要。

二、科技创新科学内涵

科技创新从宏观上来讲是科学技术创新的简称，也是对科学领域的研究和知识、技术领域的创新的综合概括。在目前的研究中，科技创新与技术创新经常被视作同一个概念。这种观点有其适用的意义，但两者之间仍然存在一定的差别。一般而言，科技创新既强调科学发现和科学研究对创新的促进作用，又强调新技术、新工艺等技术突破对创新的促进作用。这种科技创新实质上既包括科学创新又包括技术创新，其定义范围要远远广于技术创新。科技创新的范围不仅仅包含了企业层面中依靠企业内部力量和资金进行的自主创新，还包括依靠所有其他联合企业外部资源，如科研院所、高等院校以及其他企业的研发部门和其他研发机构的力量进行的创新。

从创新主体来看，科技创新不同于技术创新，其主体比较多样化而不仅仅是企业。科技创新的主体包括企业在内的诸多组织机构的综合主体，如大学、科研机构、与企业相关联的其他企业、政府、市场和金融机构等都是其主体的组成。科技创新的主体既有直接主体，如企业、大学和科研机构，又有间接主体，包括政府、市场和金融机构。由于科技创新所具有的系统性特点，科技创新是以政府为主导、企业为主体，市场、科研机构和金融组织等其他元素共同参与的结果。

从最初的概念演变至今，科技创新主要包含技术创新、知识创新、管理创新和制度创新四种类型。技术创新是以实现商业价值为目的，使某一种新的产品（商品）、技术（工艺）或服务进入市场，从而获得超额利润的整个过程。这种创新基本上可以分为三种类型，第一种是跟随创新，指在其他人已经进行的创新基础上，再去发展新的事物和方法。跟随创新不但要求创新者进行模仿，更要求创新者不断进行扩展创新，通过增强创新产品的适应性，扩大创新产品的细分市场份额来提高跟随创新者的收益。另外，跟随创新者的收益也同创新所属的产业发展状态和产品生命周期相关。第二种是集成创新，这种创新方式是指把现有技术和工艺进行重新组合进而来实现一种新的技术或产品的创造。第三种是原始创新，原始创新是从发明开始，就是所谓的自主创新。知识创新是指通过科学研究，包括基础研究和应用研究，获得新的基础科学和技术科学知识的过程。管理创新是指在一个国家或者一个企业当中，通过在管理中引入新方法、新理念、新模式以及新组织形式,从而取得应取得的效果的整个过程。从管理发展过程来看,其大体上有3个阶段,即经验管理、科学管理和文化管理。制度创新是指一种以推动社会和经济发展为目的的,在社会活动和经济活动中引入新联系、新机制或者新体制的整个过程。制度可以解释为一种体制或一种机制,体制是指机构,机制是指程序和过程。

三、后发国家技术创新路径

从国际经验来看,后发国家追赶发达国家的工业化过程一般都要经过获取、消化和改进三个阶段。第一步,技术获取。后发国家由于缺乏相应的制造能力,一般主要通过从发达国家获得成套的科学技术来提高制造生产能力。因此,这一阶段的生产主要是进行标准的、无差别化的生产,技术是国外的,技术部门的工作是消化吸收国外已经成熟的技术。第二步,消化吸收。一旦生产开始后,企业就开始想掌握产品的设计技术,通过学习,或由于新进入企业的竞争,企业开始进行一些工程和小范围的设计工作。通过这种消化过程,当地企业也许可以获得相关产品的生产技术。第三步,一般在生产技术掌握之后,企业开始关注进口的替代,以提高本企业对该技术的掌握能力,企业开始进入研究开发和工程阶段。

> **专栏1:启迪控股创新服务平台运营模式**
>
> 　　启迪控股股份有限公司(简称启迪控股)成立于2000年7月,是一家依托清华大学设立的综合性大型企业,是清华科技园开发、建设、运营与管理单位,其前身是成立于1994年8月的清华科技园发展中心。清华科技园已发展成为跨国公司研发总部、我国科技企业总部和创新创业企业的聚集地,是推动区域自主创新的重要平台。2015年,启迪控股现控参股紫光古汉、紫光股份、桑德环境、中文在线、千方科技、锦恒汽车等上市及非上市企业200多家,管理总资产超过500亿元。
>
> 　　1993年,为促进科技成果转化、培育科技产业发展,在北京市委支持下,清华大学开始筹建清华科技园。1994年,正式启动科技园建设,其定位主要是技术创新、高科技企业孵化、创新型技术和管理人才的培养。早期,科技园主要通过出租办公大楼收取租金来维持投资入驻的小企业,同时为企业和学校实验室建立联系,尤其是结合软件技术,重点转化技术成果。这是启迪孵化器1.0时代——没有孵化器,只有科技园。当时还叫清华科技园发展中心,后来改名为启迪科技园。直到1999年,科技园成立了启迪控股下的孵化器,开始步入

"孵化+投资"的发展模式，一方面为企业提供资金，另一方面获得收益，称为启迪孵化器2.0时代。2013年，启迪控股重新梳理了孵化器发展模式，转为"投资+孵化"，主要工作围绕投资展开，并为孵化企业的后续发展提供持续支撑，即启迪孵化器3.0时代。2015年，启迪控股的投资收益率大概在40%。

启迪控股业务发展方式主要包括孵化器、科技园、科技城，其中孵化器是启迪科技园的核心业务。截至2015年，借助启迪孵化功能直接上市公司23家，间接上市40家。为借鉴成功案例、推广先进经验，启迪控股积极利用自身平台，促成孵化成功企业"大手拉小手"，反哺、孵化发育中的小微企业，并通过成立"创业银行"等基金，构建虚拟创新网络，探索科技园孵化新路径。就孵化的主要形式来看，一方面，启迪控股立足清华大学，开设创新创业课程，成立实习基地，引导创新团队立足实验室模拟创新；另一方面，因为无法在其他城市开设课程、设立实验室等，启迪控股主要通过与地方高校进行合作，积极拓展与孵化器相关的业务。昆山清华科技园是清华科技园走出北京创建的第一个园区，2015年，已为昆山孵化四家企业。但当前，大部分的科技园并没有商业模式，仍需要政府补贴。

而科技园区的运营则是启迪控股的优势所在。园区运营服务体系是启迪控股的核心资源和核心能力的承载体，也是启迪控股各项业务开展的基础，涵盖了整个物业服务体系、创新服务体系、客户关系体系、技术转移体系、创新理论研究体系的建设和维护。打造以金融化、专业化、国际化、网络化为特色，"孵化服务+创业培训+天使投资+开放平台"四位一体的新型孵化器，提供企业孵化、高新企业研发、创新人才培育、科技成果转化等创新增值服务。在推动科技成果转化、技术转移的同时，通过合作模式的创新设计，探索出技术资产的商业化运营模式。经过20多年的发展与探索，启迪控股积累了丰富的科技园开发与运营经验，积极推动创新资源与区域经济的有机互动，成功构建起辐射全国的以科技园区为载体的创新体系，辐射网络覆盖30多个城市及地区，并已在美国、韩国、俄罗斯等地建立了国际化的孵化网络基地群，成为我国创新体系中的一支生力军。

作为科技服务公司，启迪控股力图打造全方位创新创业平台，以园区运营管理体系为依托，做大做强以科技服务、科技地产、科技金融为代表的核心业务，并带动发展以酒店、教育、传媒、研究院为代表的支撑业务，形成"三核驱动、多点联动"的多位一体业务架构，通过业务板块间协同，不断创新业务模式，成为拥有丰富经验和智慧、具备全面业务能力的科技服务提供商。

作为清华大学社会服务的外延，创新研究已经成为启迪控股一项重要服务职能。经过多年探索，在创新环境建设、创新模式构建、创新实践推动和创新文化塑造等方面，启迪控股已经形成了具有自身特色的理论体系。经过20多年的探索和发展，启迪控股逐步形成了系列关于园区运营服务的理论。①八大创新要素整合理论。清华科技园在培育高科技企业、营造创新创业环境方面有20多年的经验积累，并创造性地提出创新创业环境构建所需要的八大关键要素——政、产、学、研、金、介、贸、媒。八大要素通过互补、互动，实现互利、共赢，并形成创新网络，共同构成区域创新创业环境系统。②产学研合作"三维机制"理论。在产业发展过程中，单个高科技企业是"点"。同一产业多个高科技企业组成的产业链是"线"。整合了政府、企业、大学、研究机构、中介机构等多种创新资源的公共服务平台类似于"面"。而在公共服务平台的基础上，聚合相关产业的多条产业链，集研发、中试、生产于一体的产业创新基地，则最终能够形成类似于"体"的产业集群。从一维的"线"到二维的"面"，再到三维的"体"，充分描述了各创新要素之间的整体性和递进关系。

案 例 篇

第三章 新疆经济发展现状

2010年中央新疆工作座谈会以来,新疆经济社会发展进入新历史时期。新疆经济发展态势良好,经济结构有所优化,以新能源为主的装备产业和特色农产品产业快速发展,占全国经济比例略有上升。但新疆的社会经济发展水平仍然面临诸多矛盾和挑战。在全球经济复杂多变、国内经济进入"新常态"的情况下,经济下行压力大,能矿资源产业市场乏力,新兴产业规模小,产业转型缓慢,内生增长动力不足,资源环境和就业压力增大。新疆必须紧紧抓住发展机遇,转变发展观念,创新发展方式,加快实施创新驱动战略,推进社会经济发展。

第一节 新疆经济整体概况

经济发展保持平稳势头,但经济体量仍然较小,近年增速有所放缓。2005~2017年新疆经济平稳较快增长,地区生产总值年均增长率为11.6%。但2017年新疆地区生产总值仅为10 881.9亿元,在全国31个省区市(港澳台除外)中排名第26位。人均GDP为4.49万元,低于全国平均水平5.92万元。新疆地区生产总值占全国的份额始终不超过1.5%(图3-1),全球经济下行对新疆的经济发展造成较大的冲击。

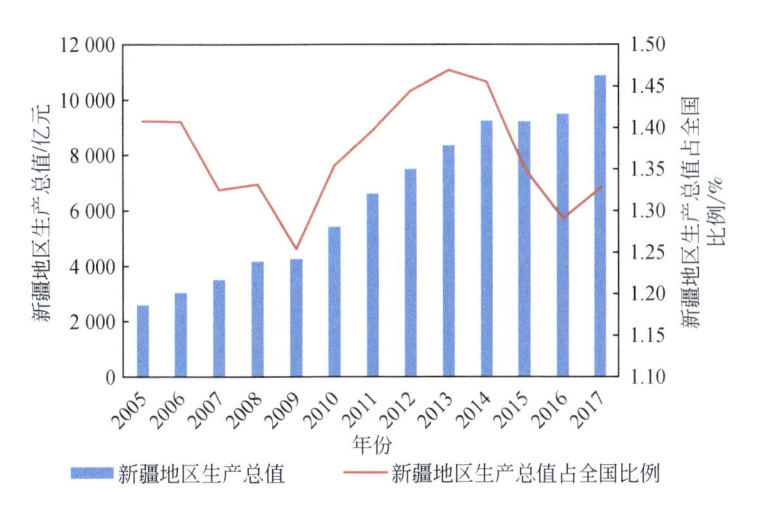

图3-1 2005~2017年新疆地区生产总值及其占全国比例

居民人均收入上升快，但总体水平仍然滞后，城乡差异较大。2017年新疆城镇居民人均可支配收入和农村居民人均可支配收入分别为30 774.8元和11 045.3元，较2010年有了一定程度的提升，但仍然低于全国平均水平，分别相当于全国当年平均水平的84.6%和82.2%（在全国分别排在第19位和第23位）（图3-2）。

(a)城镇居民人均可支配收入

(b)农村居民人均可支配收入

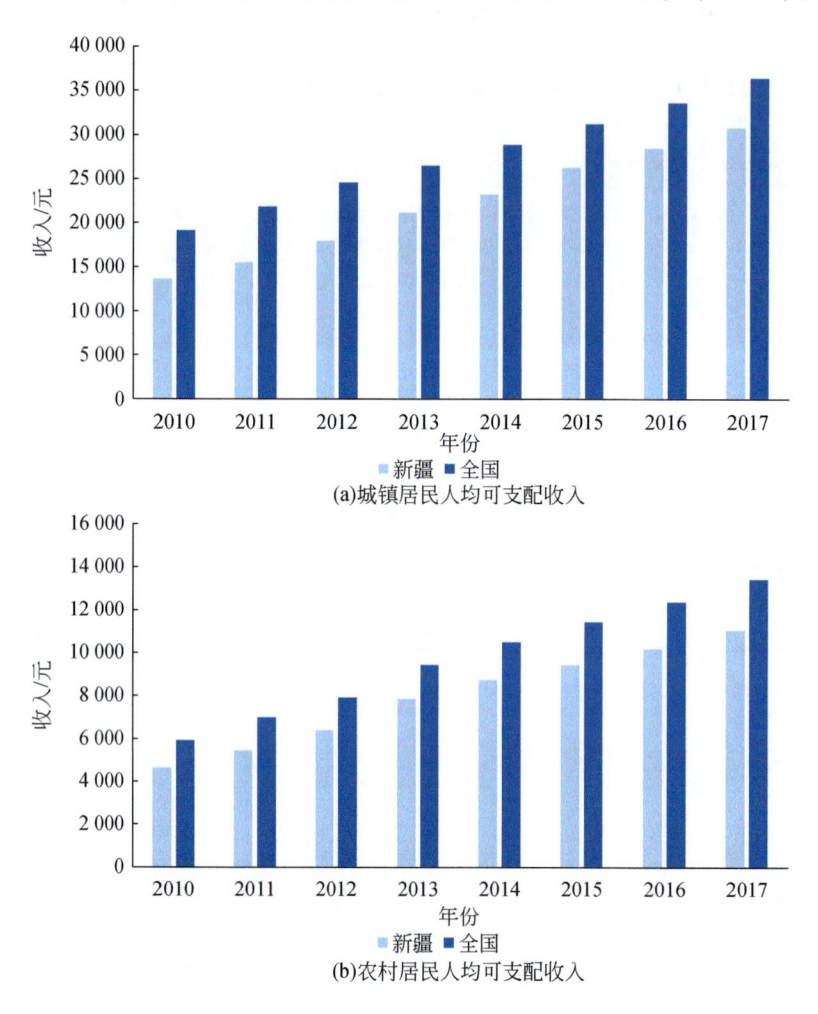

图3-2 新疆居民人均可支配收入与全国平均水平比较

经济结构有所优化，但能源原材料产业仍然是其重要的组成部分。新疆地区三次产业比例由2005年的19.6%、44.7%、35.7%调整为2017年的14.3%、39.8%、45.9%，第三产业占比超过第二产业。2005~2014年，新疆均表现为"二、三、一"的产业结构，而2010年开始，第二产业比例开始不断下降，第三产业比例上升，最终于2015年后转变为"三、二、一"的产业结构，但以能源原材料加工为主的第二产业仍然是经济发展的重要动力（图3-3）。

图 3-3 2005~2017 年新疆三次产业比例

第二节 产业发展现状

随着我国经济发展进入转型升级期，资源和环境约束不断强化，新疆过去以石油重化工为主的粗放式发展模式难以为继。纺织服装业和农副产品加工业对吸纳就业的作用相当有限。国际商贸物流业和文化旅游业是充分利用新疆区位优势和文化旅游资源优势，加快新疆对外开放尤其是"向西开放"的重要产业，发展潜力巨大，但是仍然不成规模和品牌。

一、能源原材料产业转型压力增大

2003 年以来，中国重化工业大力发展，基础设施建设进一步加快，带动国内电力、钢铁、有色冶金等相关产业的增长和产能的提升。自 2012 年下半年开始，受我国经济增长趋势放缓，国际油价大幅下跌，以及大宗原材料市场需求疲软、资源环境承载压力加大等多重因素的影响，我国能矿产品需求增速同步减缓，产能过剩情况突出。而以能源原材料产业为主的新疆，同样面临着有效需求不足、工业企业效益下滑严重等问题，工业增速明显回落，经济下行压力加大。

2005~2014 年，新疆规模以上工业增加值总体呈现上升的态势（图 3-4），由 2005 年的 888.1 亿元增至 2014 年的 3179.6 亿元，增长迅速。但工业增速的波动幅度较大。受经济和产业形势影响，2014 年以后，工业增速出现明显下降，且回弹困难，直至 2017 年才逐渐复苏。

2005 年以来，新疆始终保持以石油开采和加工、化工、煤炭开采、非金属矿和金属矿冶炼及加工等能源原材料产业为主的经济结构，2013 年上述部门工业增

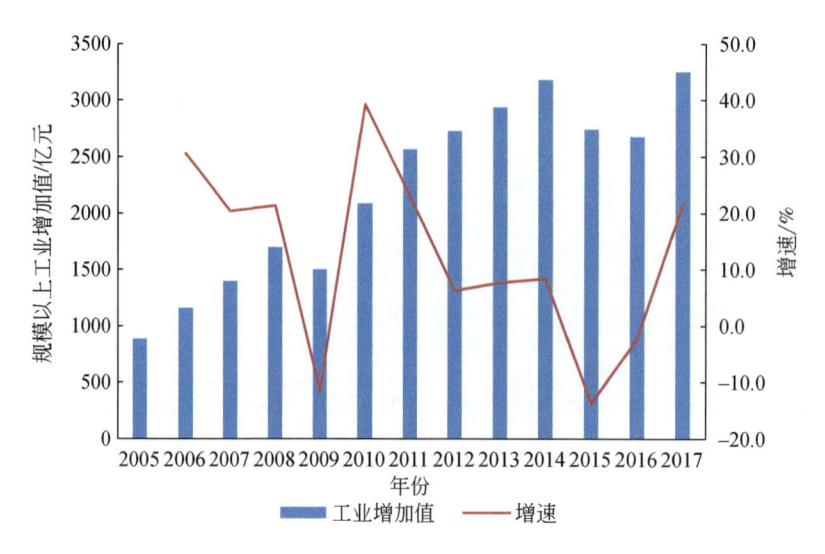

图 3-4　2005～2017 年新疆规模以上工业增加值及增速

加值占规模以上工业增加值比例达 83.7%（表 3-1），是拉动新疆经济增长的重要动力。但 2013 年后，能源原材料产业的工业增加值比例正逐渐下降，2017 年下降到 55.5%。与此同时，该产业面临有效需求不足的问题。随着我国非化石能源和可再生能源项目陆续投产运营，煤炭的主体地位也在不断弱化，需求量势必有所减少。

表 3-1　新疆工业增加值占规模以上工业增加值比例排名前十的行业　（单位：%）

2005 年		2010 年		2013 年		2017 年	
行业	比例	行业	比例	行业	比例	行业	比例
石油和天然气开采业	68.4	石油和天然气开采业	45	石油和天然气开采业	41.9	石油加工、炼焦及核燃料加工业	14.1
电力、热力的生产和供应业	5.6	石油加工、炼焦及核燃料加工业	15.4	石油加工、炼焦及核燃料加工业	10.5	电力、热力的生产和供应业	12.5
石油加工、炼焦及核燃料加工业	3.8	燃气生产和供应业	6.5	电力、热力的生产和供应业	8.3	有色金属冶炼及压延加工业	11.7
黑色金属冶炼及压延加工业	3	化学原料及化学制品制造业	4.5	化学原料及化学制品制造业	6.8	化学原料及化学制品制造业	9.5
化学原料及化学制品制造业	2	煤炭开采和洗选业	4	煤炭开采和洗选业	4.6	石油和天然气开采业	9.1

续表

2005年		2010年		2013年		2017年	
行业	比例	行业	比例	行业	比例	行业	比例
非金属矿物制品业	1.9	黑色金属冶炼及压延加工业	3.6	开采辅助活动	3.6	黑色金属冶炼及压延加工业	5.9
煤炭开采和洗选业	1.9	电气机械及器材制造业	3.2	非金属矿物制品业	3.3	农副食品加工业	5.6
农副食品加工业	1.8	非金属矿物制品业	2.9	有色金属冶炼及压延加工业	3.1	非金属矿物制品业	5.2
纺织业	1.7	黑色金属矿采选业	1.9	黑色金属矿采选业	2.4	电气机械及器材制造业	4.3
塑料制品业	1.2	农副食品加工业	1.9	农副食品加工业	2.1	纺织业	3.9

数据来源：《新疆统计年鉴》

在企业扩张和政府干预的双重作用下，全国普遍面临产能过剩的问题，尤其对于加工链条短、附加值低的能源原材料产品而言，市场需求紧缩的状态更为严重。长期以来，新疆的主导产业大都是以资源开采和初加工为主的能源和重化工产业，现代制造业发展滞后，科技含量高的新兴产业尚未形成规模，因此新疆面临的产能过剩问题相对严重。新疆冶金焦产量从2006年的196万t增加到2017年的1617万t，但由于近年来中国钢铁的需求刺激不断减弱，新疆的冶金焦受距离限制只能在疆内消化，处于产能过剩状态。2017年新疆钢铁产能利用率不足56%，产能过剩程度甚于全国平均水平（利用率75.8%），企业效益受损严重。

二、大型国有企业偏重，中小微企业不发达，经济缺乏活力

大型国有企业在新疆的工业企业中占比较高，造成新疆企业组织结构不完善，未能充分带动新疆当地的就业。在实体经济乏力、市场需求不足双重压力下，新疆国有企业面临着运营效率低下和盈利空间较小等问题，对新疆经济的发展造成一定的影响，限制了新疆社会经济系统产出效益的提高。

国有企业改革以来，国有企业在国民经济中所占的比例越来越小。从新疆的情况来看，国有企业的主要经济指标在新疆全区规模以上工业中所占的比例正持续下降（图3-5），为民营经济的发展留出空间。然而，目前国有经济在新疆全区国民经济中的份额仍然很大。2017年国有企业单位数、从业人员、工业总产值、工业销售产值、主营业务收入、利润总额分别占新疆全区规模以上工业的27.6%、64.5%、56.1%、56.5%、56.7%、49.5%，国有企业成为许多垄断性行业和竞争性行业最

为重要的市场主体。新疆大型企业比例同样过高，2017年大型企业工业总产值、工业销售产值、主营业务收入、利润总额、从业人员占新疆全区规模以上工业的比例分别为71.2%、71.5%、71.9%、69.5%、69.4%。

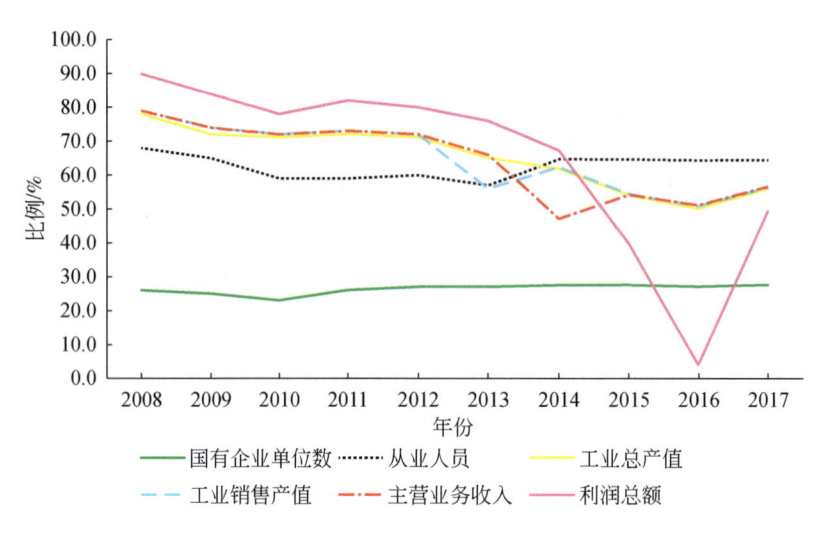

图3-5 新疆国有企业主要指标占全区规模以上工业比例

从2017年的运行情况来看，新疆国有企业的发展面临资产质量不高、盈利能力差、运营效率较低等挑战。企业成本费用总额持续攀升，无盈利空间。受市场供需矛盾突出、产销衔接不畅等因素的影响，企业营运资金严重不足。

三、劳动密集型行业发展有限，就业问题突出

就业作为民生之本，关系着人民群众的切身利益。2014年，第二次中央新疆工作座谈会明确提出，新疆要把促进就业放在更加突出的位置。然而，传统产业吸纳就业的能力相对有限，未能有效地缓解新疆的就业问题，结构性矛盾依然突出。劳动力供大于求、高素质就业者缺乏、本地就业难成为新疆就业的普遍难题。

劳动密集型的农副食品加工业和纺织服装业（包括纺织业和纺织服装、鞋、帽制造业）是新疆扩大就业、维持社会稳定的重要产业，国家和地方出台了一系列的产业政策来支持上述产业的发展。但是以初级加工为主的纺织服装业和农副食品加工业，产业链条短，产品附加值低，吸纳劳动力的空间和能力相对有限，未能有效地缓解当地就业压力，直至2014年后，纺织服装业吸纳就业的人数才有了明显的增加。2017年新疆农副食品加工业和纺织业的增加值分别占全区工业增加值5.6%和3.9%，相对于其他行业来说，贡献仍然偏低。产品标准化程度低，没有形成知名的品牌，面向高端市场的产品较少，利润率低，造成上述两个行业可以提供的就业机会大大减少。2008年以来，纺织服装业和农副食品加工业的就业占新疆全部工业行

业的就业比例始终不超过16%，并在2008~2014年总体呈逐步下降的趋势，一度由2008年的12.9%降至2014年的9.2%，但在2014年后上述产业的就业比例重新增长，2017年就业比例达到15.9%（图3-6）。

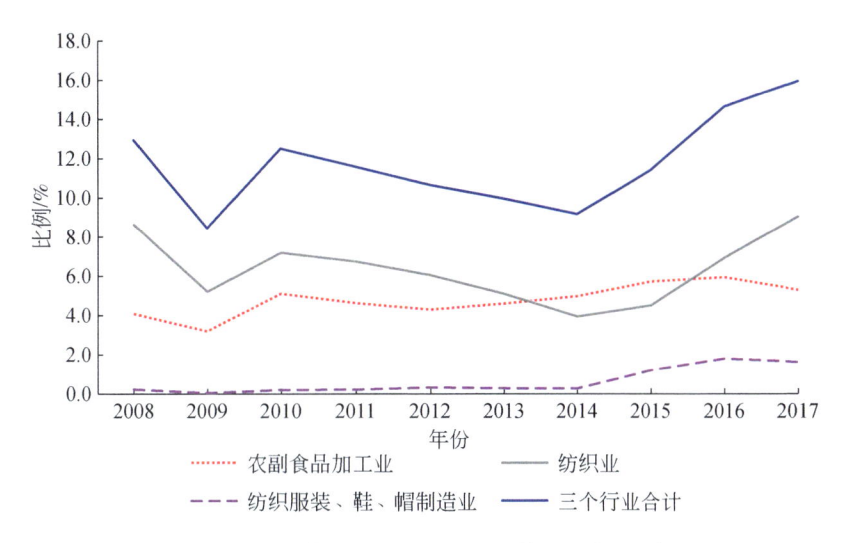

图3-6 农副食品加工业和纺织服装业的就业比例

由于每年新增毕业生、农村新增转移劳动力加上国有企业下岗职工，新疆劳动力供给持续增加，供大于求的矛盾仍然存在。然而，由于专业技术人员特别是熟练技术工人和高素质劳动力数量较少，新兴技术产业所需劳动力严重不足，多数劳动者的观念和职业技能远未适应市场就业的需要，结构性失业问题突出。

新疆高校少数民族学生人数不断增加，且毕业后大都选择留在当地，如2014年新疆高校毕业生在疆就业人数占总就业人数的82.0%，而新疆单一的产业结构和落后的经济水平所能提供的就业岗位相当有限。

四、国际商贸物流业和文化旅游业发展潜力巨大

国际商贸物流业和文化旅游产业是发挥新疆独特区位优势和特色文化资源优势的重要产业。在新疆保增长、促民生、创新驱动发展的背景下，国际商贸物流业和文化旅游产业是实现新疆转型发展的最佳突破点。国际商贸物流创新和文化旅游创新成为新疆创新驱动发展战略的重要内容。

（一）国际商贸物流业

2010年中央新疆工作座谈会召开以来，新疆国际商贸物流业得到了较大的发展。2010~2014年，新疆的进出口贸易总额由171亿美元增至277亿美元，增长迅速。但2015年以来，新疆的对外贸易规模有所波动。2016年进出口贸易总额下降

为180亿美元，2017年贸易规模略有回升，进出口贸易总额增长至207亿美元。其中，出口贸易贡献较大，贸易额由2010年的130亿美元，提高至2014年的235亿美元，2016年下降至159亿美元，2017年回升至178亿美元。而进口贸易额也存在一定的波动，整体维持在20亿~60亿美元（图3-7）。

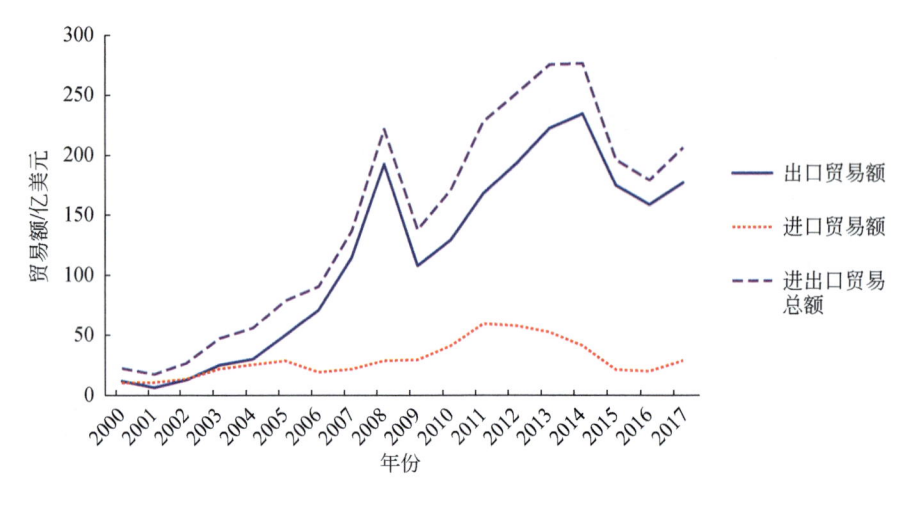

图3-7 2000~2017年新疆进出口贸易额

从商品贸易种类来看，新疆目前的出口商品仍然是初级加工产品，主要包括鞋类、番茄酱、棉机织物、电视机、地毯和肠衣等（表3-2），大部分商品技术含量

表3-2 2017年新疆主要进出口商品情况

项目		数量和单位	金额/万美元
出口商品	鞋类	—	289 531
	番茄酱	48万t	35 247
	棉机织物	8 097万m	11 169
	电视机	175万台	3 281
	地毯	2 373t	1 658
	肠衣	381t	1 584
进口商品	牛皮革及马皮革	41 143t	4 891
	医疗仪器及器械	—	4 084
	羊毛及毛条	23 755t	2 807
	原油	4万t	1 345
	钢材	3万t	1 216
	肥料	5万t	1 011

资料来源：《新疆统计年鉴2018》

低、附加值不高、利润空间较小,而高端农产品、工业制成品和服务贸易等相对落后。进口商品则主要是牛皮革及马皮革、医疗仪器及器械、羊毛及毛条、原油、钢材和肥料等,集中在能源和原材料领域,货物种类单一。

受多种因素的影响,新疆国际商贸物流业的发展受到一定程度的冲击,其中能源原材料产品受到的影响最大。新疆现有的贸易结构主要是"东来西去"的形式,即内陆地区生产的商品通过新疆出口至中亚、欧洲和美洲,新疆只起到"通道"的作用,其区位优势未能得到充分发挥,新疆本地的产品在出口商品中所占份额较小,难以带动新疆自身的社会经济发展。

口岸是实现投资和贸易便利化的重要环节,对新疆发展对外贸易具有重要的推动作用。新疆口岸已初步形成全方位、多层次、宽领域的开放格局,但仍然存在诸多问题,如口岸的总体布局仍需进一步完善;航空口岸的规划格局仍未实现;边境公路口岸布局北重南轻;部分口岸各类基础设施陈旧老化等。

通关便利化程度成为影响新疆国际贸易发展的主要因素。新疆未实现以电子口岸为平台的"一站式"服务的通关便利化功能,限制了通关效率的提高。口岸相关部门协调程度低,通关流程环节多、速度慢、所需时间长(最长达40天),导致贸易成本进一步提高。中哈边境口岸进行"灰色清关",使得新疆边境小额贸易及口岸物流受到严重影响,大大延长了通关时间。

新疆还存在出入境人员签证政策不合理、时间空间成本较高的问题。新疆的边境贸易金融平台建设仍然不完善,如新疆与中亚五国的跨境贸易人民币结算未能实现跨行清算,没有形成统一的人民币支付清算网络体系(刘文翠和李翠花,2013)。

(二)文化旅游业

随着我国居民消费模式由商品消费向服务消费转型升级,文化旅游需求持续上扬,旅游产业正处于黄金发展时期。新疆少数民族众多,文化旅游资源丰富,历史底蕴深厚且独特性强,因此文化旅游业是推动新疆社会经济发展的重要引擎,潜力巨大,是今后为新疆聚集人气的重要产业。

2017年新疆国际旅游收入和国内旅游收入分别为10.5亿美元和1751.6亿元。2010~2017年,年均增长率分别为9.3%和26.7%(图3-8)。2017年新疆入境旅游人数和国内旅游人数分别是234.8万人和10 491万人,2010~2017年的年均增长率分别为2.7%和13.7%(图3-9)。可以看出,来疆游客的口碑和评价不断提升,来疆游客的口碑和评价有所好转。尤其是在2010年中央新疆工作座谈会召开以来,新疆的旅游人数出现井喷式增长。2010年,新疆入境旅游人数突破百万,较2009年增长了约71万人,国内旅游人数的增长率也达到了44.8%。

尽管新疆的文化旅游业在近年来得到了长足的发展,但是新疆的文化旅游资源并未得到充分开发,没有形成具有自身特色的旅游品牌。新疆目前仍采取传统旅游形式,未能形成"旅游+"商贸物流、会展、信息服务以及制造业等创新模式,并且缺乏物联网、云计算等高科技创新手段支持的旅游服务运营体系,旅游产业发展

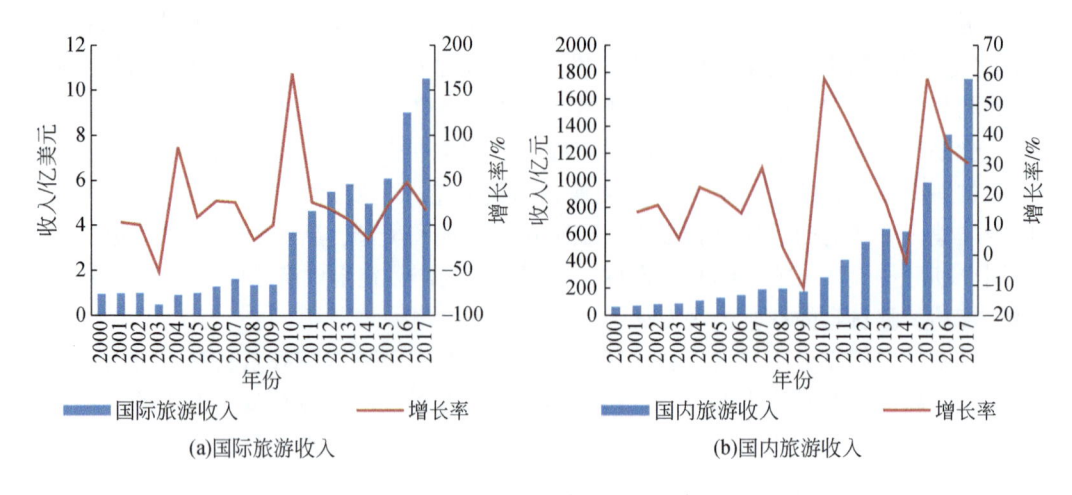

图 3-8 新疆旅游收入及增长率

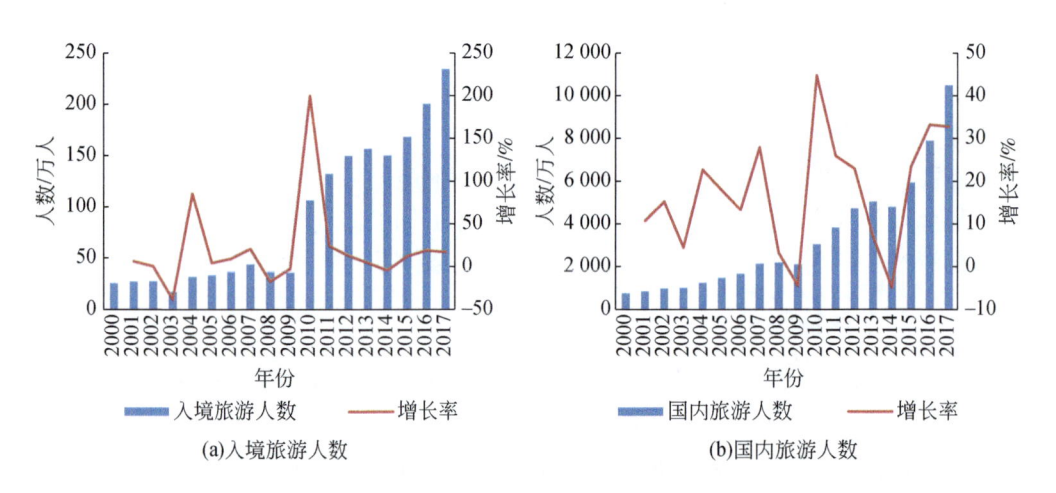

图 3-9 新疆旅游人数及增长率

能力有限，对地区生产总值贡献率仍然偏低。由于自然条件的限制，新疆多数旅游景点之间的距离较长，且沿途风光变化小，而目前部分旅游线路的设置缺乏合理性，没有形成针对新疆特色的旅游模式创新。旅游商品同质性强，且定价较高，降低了游客的消费需求。投资规模小、资金得不到充分保障也成为限制新疆文化旅游产业发展的重要障碍。

第三节 科技创新发展现状

科技创新是转型发展的重要驱动力，近年来新疆的创新能力虽然有所提高，但仍然难以支撑产业结构的转型升级。人才匮乏、创新意识不足、资金短缺、科技研发与市场需求不符等成为制约新疆科技创新能力提升的重要障碍。

一、人才尤其是科技领军型人才匮乏

2017 年新疆共有普通高等学校 42 所,其中本科院校 13 所,专科院校 29 所。新疆在读研究生人数由 2000 年的 1196 人增至 2017 年的 21 329 人,增长 16.8 倍左右。其中,在读硕士研究生人数比例更高且不断增长,由 2000 年的 1148 人提高至 2017 年的 19 950 人。在读博士研究生人数虽然相对较少,但增长迅速,由 2000 年的 48 人增长至 2017 年的 1379 人,增长了约 27.7 倍(图 3-10),为创新发展提供了一定的条件。但是从全国层面来看,新疆的研究生数量仍然不具优势。

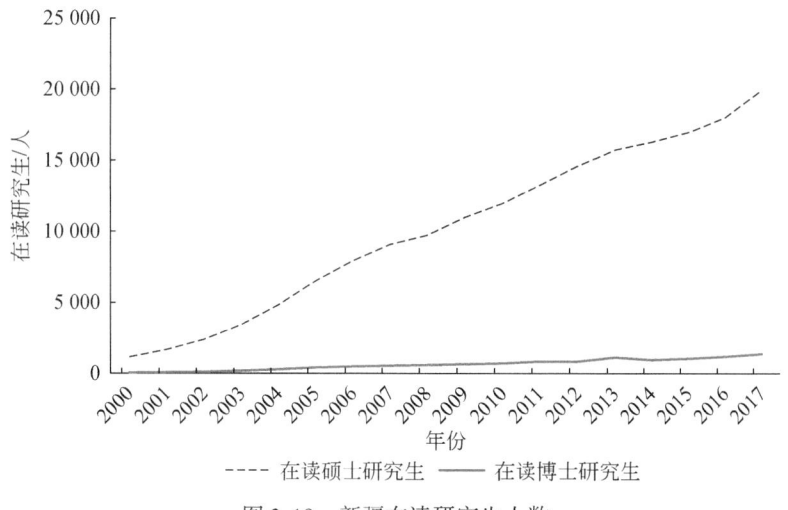

图 3-10 新疆在读研究生人数

人才资源尤其是掌握重大核心技术的人才匮乏,成为长期以来阻碍新疆创新能力提高的重要因素之一。由于种种原因,新疆的多数企业特别是小微企业面临吸引人才困难、人才流失严重等问题,严重制约企业创新能力的提升。博士研究生、硕士研究生是新疆科学技术队伍中高层次人才的主要来源,但是由于新疆高等院校数量相对较少,研究生数量在全国的比例偏低,本地人才培育较为困难。同时,疆内疆外人才交流项目较少,也降低了先进技术和理念进入新疆的概率。

二、创新意识不足

新疆的 R&D 投入整体而言有了一定程度的提升。其中,R&D 经费支出由 2000 年的 3.2 亿元增至 2017 年的 57.0 亿元,年均增长率为 18.5%,增幅较大(图 3-11)。R&D 人员折合全时当量由 2000 年的 0.4 万人/a 提升至 2017 年的 1.5 万人/a,增长近 2.8 倍(图 3-12)。然而,和全国的平均水平相比,新疆的科技创新投入严重不足，其 2017 年的 R&D 经费支出占全国的份额仅为 0.32%，R&D 人员折合全时当量仅占全国的 0.38%。

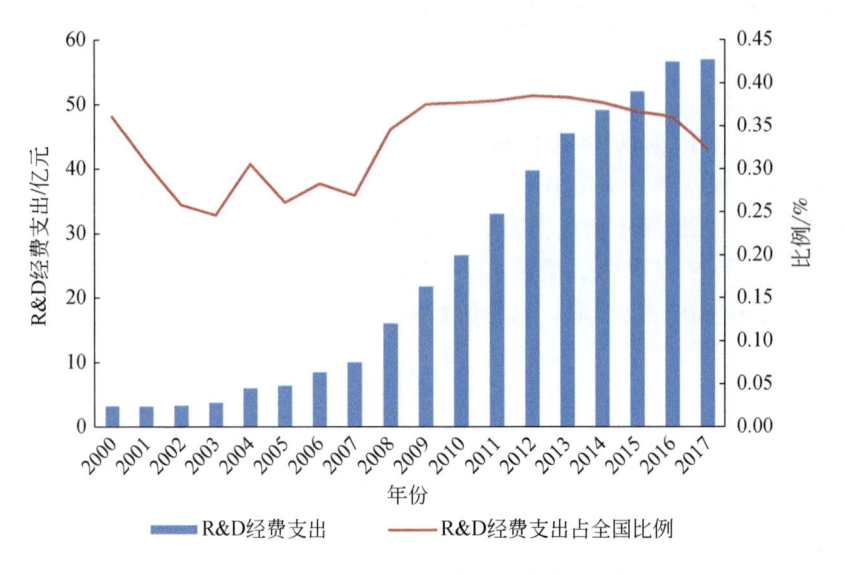

图 3-11 新疆 R&D 经费支出及占全国比例

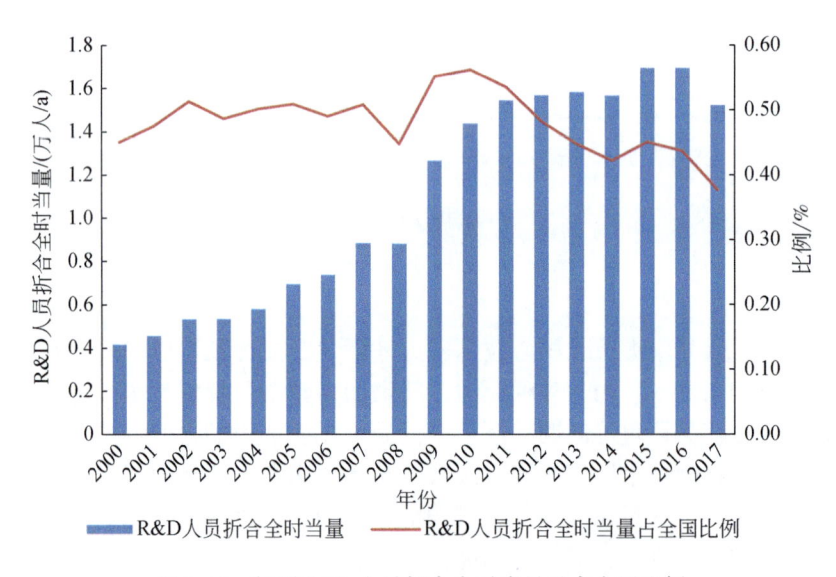

图 3-12 新疆 R&D 人员折合全时当量及占全国比例

新疆的多数企业，尤其是中小微企业，利用来自沿海或者内陆研发中心的科技成果，主要负责组装和生产活动，劳动附加值低，处于价值链的底端，利润微薄。同时，由于企业缺乏相应的科技、管理人员，很多瓶颈难以及时解决，企业管理水平低下，大大降低了生产效率。2017 年新疆具有 R&D 活动的规模以上工业企业数为 228 家，占新疆全区工业企业的 7.8%，远低于全国 27.4% 的平均水平。

三、科技产出及成果少、转化率低

新疆的科技产出及成果呈现持续增长的趋势。其中，专利申请量由 2000 年的 1088 件上升至 2017 年的 14 260 件，年均增长率为 16.3%（图 3-13）。但是，从全国范围来看，新疆的创新产出仍然相当匮乏。2005 年以来，新疆的专利申请量占全国的比例始终不超过 0.7%，而且和 2000 年相比，2017 年占全国的比例进一步下降。2017 年新疆发表的科技论文和出版的科技图书的数量分别为 21 321 篇和 292 种，占全国的比例分别为 1.3% 和 0.5%，规模以上工业企业的新产品开发项目数和专利申请量分别为 976 项和 3022 件，分别仅占全国的 0.2% 和 0.4%。

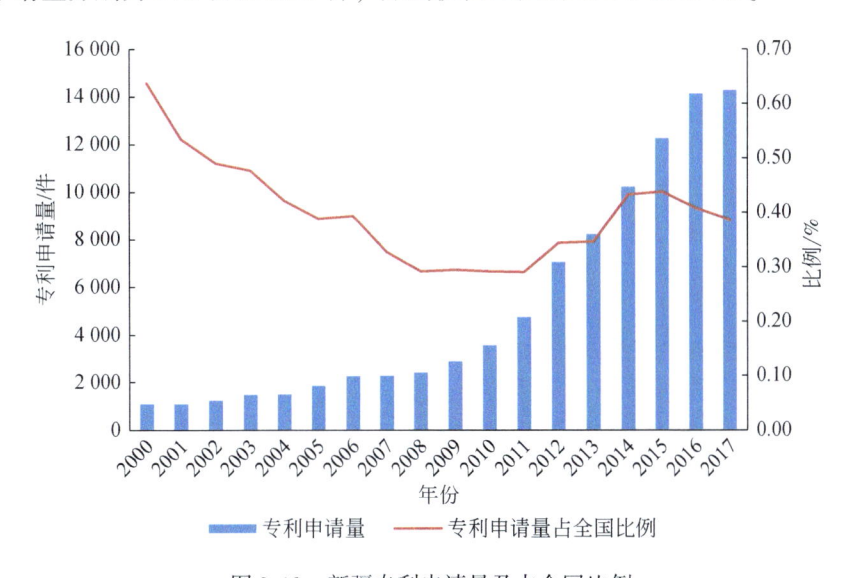

图 3-13　新疆专利申请量及占全国比例

新疆目前的经济发展仍然保持粗放式经营的局面，企业自主研发能力不强，科技成果成熟度差，科研院所与生产企业结合不够紧密。由于缺乏既懂技术又懂市场运作的复合型科技人才，科技成果商品化、产业化的比例很低。

2010 年中央新疆工作座谈会以来，新疆经济社会发展的总体态势良好，地区生产总值保持"稳中求进"的势头，产业结构趋于优化，且居民人均收入不断增加。然而，与全国其他省市相比，新疆的经济水平依然处于落后的地位。新疆经济发展长期以来高度依靠能源资源，新兴产业规模小，大型国有企业比例高，中小企业发展慢，导致资源环境压力加大。

受国际市场持续低迷、国内市场有效需求不足等的影响，新疆能源原材料产业市场乏力，后劲不足。新疆必须创新发展思路，结合实际情况，建立以技术创新为核心的全面创新的观念，从技术创新、国际商贸物流创新、文化旅游创新和体制机制创新着手，全面实施和推动创新驱动发展战略，促进新疆社会经济发展。

第四章 机遇与挑战

第一节 面临的机遇

一、创新驱动发展国策为新疆发展奠定重大战略机遇

（一）确立创新驱动发展国策，引领全国迈向创新发展之路

党的十八大明确指出，实施创新驱动发展战略。科技创新是提高社会生产力和综合国力的战略支撑，必须摆在国家发展全局的核心位置。要坚持走中国特色自主创新道路。国家已经颁布一系列创新改革政策，逐步推进创新驱动发展战略的落实。2012年9月，中共中央、国务院印发《中共中央 国务院关于深化科技体制改革加快国家创新体系建设的意见》，明确深化科技体制改革、加快国家创新体系建设的目标与方向；2015年3月，中共中央、国务院印发《中共中央 国务院关于深化体制机制改革加快实施创新驱动发展战略的若干意见》（以下简称《意见》），明确创新驱动发展战略的总体思路和目标，为进入创新型国家行列提供有力保障。2015年9月中共中央办公厅、国务院办公厅印发《中共中央 国务院关于在部分区域系统推进全面创新改革试验的总体方案》（以下简称《方案》），选择1个跨省级行政区域（京津冀）、4个省级行政区域（上海、广东、安徽、四川）和3个省级行政区域的核心区（武汉、西安、沈阳）作为改革试验任务。十八届五中全会，将坚持创新发展理念，开创发展新局面置于"五大理念"首位。

（二）新疆传统工业发展陷入困境，唯有抓住创新发展机遇才能解局

全球范围内能源原材料价格不断下跌，国内对一般原材料的需要基本进入平稳期。以石油、天然气、煤化工、冶金等能源重化工为主导的新疆传统产业体系受到冲击，导致新疆经济发展后劲不足，转型升级迫在眉睫。现有的体制机制和科技创新水平，已经不能够解决传统产业困境、企业活力不足、优势产业乏力等问题。因此，为适应新形势新要求，新疆需要抓住机遇大幅提升自主创新能力，激发全社会创造活力，打造经济发展新引擎，加快创新型新疆建设。

（三）国家不断深化创新改革措施，为新疆全面创新改革指明方向

国家陆续颁布的创新驱动发展政策，在体制创新、技术创新、要素环境创新、

平台建设创新等领域为新疆建设创新驱动发展试验区提供了方向和政策依据。《意见》以深化体制机制改革作为主线，提出"营造激励创新的公平竞争环境""建立技术创新市场导向机制""强化金融创新的功能""完善成果转化激励政策""构建更加高效的科研体系""创新培养、用好和吸引人才机制""推动形成深度融合的开放创新局面""加强创新政策统筹协调"。《方案》以系统推进全面创新改革为主线，以处理好政府与市场关系、促进科技与经济融合、激发创新者动力和活力、深化开放创新为任务，形成若干具有示范、带动作用的区域性改革创新平台。"五大理念"中指出激发创新创业活力，推动大众创业、万众创新，释放新需求，创造新供给，推动新技术、新产业、新业态蓬勃发展；实施"互联网+"行动计划，发展分享经济，实施国家大数据战略。

（四）新疆积极落实中央政策，为新疆创新驱动发展奠定基础

2013年9月25日新疆出台《自治区党委 自治区人民政府关于实施创新驱动发展战略加快创新型新疆建设的意见》，强调科技与经济紧密结合，强化企业技术创新主体地位和区域创新体系建设，在管理、人才和营造环境领域提出机制改革措施。近两年来，新疆相关单位已制定工作计划和出台配套政策。为新疆创新驱动发展试验区建设奠定了良好的政策基础。同时，新疆乌鲁木齐高新技术园区、经济技术开发区等园区努力搭建创新环境，新疆特变电工等新能源企业持续加大科技创新的投入，中国科学院新疆分院等院所不断完善人才机制，为新疆创新驱动发展试验区奠定了一定的创新基础。

二、"一带一路"为新疆创新驱动发展试验区建设创造历史契机

（一）中央确立新疆丝绸之路经济带核心区地位

"一带一路"是推进全方位对外开放新格局的主要载体。第二次中央新疆工作座谈会提出打造新疆成为丝绸之路经济带核心区，2015年3月28日由国家发展和改革委员会、外交部、商务部联合发布的《推动共建丝绸之路经济带和21世纪海上丝绸之路的愿景与行动》要求新疆发挥独特的区位优势和向西开放重要窗口作用，深化与中亚、南亚、西亚等国家交流合作，形成丝绸之路经济带上重要的交通枢纽、商贸物流和文化科教中心，努力打造丝绸之路经济带核心区。

（二）丝绸之路经济带核心区建设是新疆创新驱动发展的核心优势

北京中关村、上海张江、深圳、安徽合芜蚌等国家自主创新示范区充分发挥了自身优势，为全面创新改革试验区建设奠定了良好基础。与东部沿海地区相比，新疆创新发展底子薄。照搬东部沿海地区的创新模式，不能够发挥新疆创新发展

的本地优势，甚至导致创新改革的失败。新疆具备特殊的区位、人文和资源优势，与中亚地区相邻，具有广阔的合作前景。丝绸之路经济带核心区建设，可以强化新疆交通枢纽的作用，提升商贸物流和文化旅游的国际化功能，有力推进区域性中心的建设。在产业发展上，本地企业可以创新产品开拓中亚市场，同时可以将优势产能向中亚转移，实现产业技术的合作。在体制机制上，丝绸之路经济带建设要求新疆深化改革开放，全面向西开放，实现"五通"。因此，新疆在丝绸之路经济带上具备的特殊优势以及核心区建设对新疆的改革要求，为新疆创新驱动发展营造广阔空间，是新疆全面创新改革有别于东部沿海地区的核心优势。

（三）丝绸之路经济带核心区建设与创新驱动发展相辅相成

根据丝绸之路经济带核心区定位，新疆积极开展落实工作，相继制定了其建设的实施方案和行动计划。丝绸之路经济带核心区急需寻找一个抓手，能够加快新疆体制改革、产业升级和新兴产业培育，能够促进人才、资本和技术在新疆集聚。纵观全国发展态势，唯有创新驱动发展是落实新疆丝绸之路经济带核心区建设的重要举措。因此，核心区建设是新疆创新驱动发展的核心优势，而创新驱动发展是新疆核心区建设的重要抓手，在未来新疆跨越式发展过程中，二者相辅相成，缺一不可。

三、对口援疆工作将为新疆试验区建设提供动力和重要支撑

新一轮对口援疆工作开展以来，在中央新疆工作协调小组的指导下，自治区与19个援疆省市、中央国家机关部委和有关企业密切合作，为新疆社会稳定与长治久安奠定了良好基础，在民生建设、产业援疆、促进就业、干部人才援疆、教育援疆、交流交往等领域取得了显著成效，令人振奋。这不仅展现了举全国之力治疆稳疆建疆的强大力量，同时证明了未来国家需要进一步深化援疆工作，为新疆经济社会发展提供坚实支撑。对口援疆工作重点也正在不断与新疆经济社会发展特点相结合，深入到新疆发展的各个方面，谋求为新疆提供更广泛的动力支持。

东部发达省市拥有强大的人才、技术、管理、资金等资源，具备丰富的科技创新、体制创新经验，在国家自主创新示范区、全面创新改革试验区建设领域具有先进的创新模式，在对口援疆机制下，能够为新疆创新驱动发展提供丰富的科技创新资源和经验。

第二节 面临的挑战

一、思想观念守旧，创新意识不强

没有思想观念的转变，将无法推进创新体制改革，无法激发全社会创新活力和

创造潜能。新疆创新驱动发展仍然面临着思想观念守旧，创新意识不足的问题，从创新改革的原动力上阻碍了新疆创新驱动发展战略的有效实施。

一是对创新驱动发展的理解不足。部分政府部门和企业对创新驱动发展的理解不足，认为创新只是科技领域的创新，与非科技领域的机构无关，忽视了体制、产业、金融等领域的创新内容。

二是以"管制型政府"观念为主，缺乏"服务型政府"意识。从自治区厅局到地方，"管着项目"的行政管理观念普遍存在，减弱了市场的调控作用，导致项目实施效果下降；在部分产业园区管理委员会，"管着企业"的园区建设理念同样普遍，缺乏从服务企业出发的视角，降低了园区企业的主动性。

三是依然持有新疆传统经济发展观念。新疆一些经济管理部门、地方政府及大型企业对新疆经济发展的判断依然延续以能源重化工为主导的产业发展模式，对一般原材料市场前景抱有乐观态度，认为新疆能源重化工产业能够继续主导新疆经济发展。

四是新疆本地企业创新意识缺乏。受经济形势影响，目前新疆多数企业经济效益低迷，整体研发投入比例很低。其中，部分企业以生产规模的调控来渡过难关，缺乏对技术、产品、销售进行改革创新的理念，甚至某些具有一定规模和影响的能源原材料、化工、房地产等企业更加缺乏创新意识。

二、创新要素环境薄弱

创新要素环境是一个地区创新驱动发展的基本保障，包括人才、金融、创新单元、科技成果转化平台等。新疆在产学研结合、科技与经济结合、原创性成果和转化等领域基础薄弱，自主创新能力不足，这严重制约新疆创新驱动发展。

一是人才问题突出。长期以来人才问题制约着新疆经济社会发展。受待遇水平、工作环境、发展前景等因素影响，新疆地方现有院校、企业很难吸引创新型人才。解决不好人才问题，新疆很难实现科技创新和产业创新，造成创新驱动发展的动力不足。

二是金融创新能力差，融资渠道狭窄。新疆本地科技企业存在融资难的问题。新疆缺乏多层次的科技产业基金，特色的科技金融机构几乎没有，无法吸引社会民间资本，制约了新疆科技企业发展。

三是缺乏具有活力的创新单元和科技成果转化平台。新疆产学研基础薄弱，本地的高校和研究机构的科技创新能力不足，现有科研人才和成果的管理体制无法适应产业创新的需求。缺乏如安徽省、中国科学院、合肥市和中国科学技术大学按照"省院合作、市校共建"原则所建立的中国科学技术大学先进技术研究院，该研究院是解决人才自由流动、设备自由共享、成果自转化的一个综合性平台。新疆缺乏以信息平台为基础的科技成果转化平台，企业科技创新的需求无法与高校、科研机构的研究方向对接。

四是缺乏一个强有力的全面创新改革集聚空间。2011年中央决定在霍尔果斯与喀什设立特殊经济开发区,享受国家的特区政策。但是综合考虑人口、产业、交通及发展潜力,这两个特区依然不能够成为带动新疆区域经济发展的最强增长极。相比较之下,乌鲁木齐具备成为国家级经济增长极的潜力,但是缺乏具有竞争力的中央商务区,创新驱动发展需要寻找新的空间。

第五章 新疆科技创新能力评估

2010年中央新疆工作座谈会以来，新疆科技创新体系建设逐渐完善，高新技术产业发展力度逐渐加大，疆内区域协调发展，注重科技资源向疆内优势产业的配置转移，科技创新能力得到全面提升。

但与其他省（自治区、直辖市）相比，新疆的科技创新发展仍面临严重挑战，需要攻克的难题仍然众多。新疆长期依靠劳动力投入和能源消耗的经济增长方式难以为继，唯有通过科技创新特别是关键技术突破，才能为经济增长源源不断地注入原动力。在新的历史机遇面前，新疆作为丝绸之路经济带核心区，需要把握新疆的科技创新发展水平，寻找新疆科技创新发展中存在的问题，实施创新驱动发展战略，推进以科技创新为核心的全面创新，努力营造大众创业、万众创新的政策环境和制度环境，激发各民族的创造活力，打造经济发展新引擎，以实现新疆跨越式发展。

第一节 新疆科技创新能力评估指标选取概述

本章拟以科技部支持的《中国区域创新能力评价报告》（1999~2019年）为基础，把握和衡量新疆科技创新能力质量和发展状况。作为国家创新调查制度系列报告重要产出之一的《中国区域创新能力评价报告》，自1999年发布以来，权威、综合、动态地对各省（自治区、直辖市）的创新能力进行分析比较，为政府部门特别是地方政府、有关决策部门和科研工作人员提供了科学可靠、实时系统的参考依据。

《中国区域创新能力评价报告》从区域科技创新的网络化、系统化和链条建设出发，强调创新环境建设的重要性，同时兼顾地区发展的存量、相对水平和增长率，最终确定指标体系：知识创造（权重0.15）、知识获取（权重0.15）、企业创新（权重0.25）、创新环境（权重0.25）、创新绩效（权重0.20）共5个一级指标，一级指标下设20个二级指标、40个三级指标和132个四级指标。采用加权综合评价法，对基础指标无量纲化后，通过专家打分得到的权重分层逐级综合，得出31个省（自治区、直辖市）创新能力的综合效用值，据此对各省（自治区、直辖市）的创新能力排名和各项科技创新能力指标进行综合动态的分析，并从实力、效率和潜力三个维度来观测各地区的总量变化、变化速度和幅度。在数据获取方面，按指标体系搜集的数据全部来自官方公开发表的统计年鉴，鉴于不同地区和不同指标的数据公开时滞，《中国区域创新能力评价报告》采用数据为报告年度前两年的数据，即2019年报告采用的是2017年的数据，以此类推。

与国内外评价地区创新能力的报告相比，《中国区域创新能力评价报告》相对全面系统地涵盖了衡量地区科技创新能力的绝大部分科技指标，能够科学、客观地对省域层面的区域创新能力给出具有说服力的评价。

第二节　新疆科技创新能力评价

一、新疆科技创新能力总体排名

从总排名看，排名靠前的省（自治区、直辖市）变化相对较小，其中2007～2014年区域创新能力前7名省市排名均无变化，依次为江苏、广东、北京、上海、浙江、山东和天津。除黑龙江和辽宁外，第8～16名的省（自治区、直辖市）排名的变化区间基本也在第8～16名，但位次发生变化。2004～2017年，基本稳定上升的有重庆、安徽和海南，2016～2017年排名分别稳定在第8名、第10名和第18名左右。名次下滑比较明显的是黑龙江，从2004年第14名下滑到2017年的第28名；山西从2006年的第17名下滑到2017年的第26名。东三省排名持续下滑且下滑幅度在10名左右，上升较快的为海南省。

2004～2017年新疆的区域创新能力在全国排名最高为2007年的第24名；最低为2013年和2017年的第29名。而2004年与新疆排名相近的省（自治区、直辖市）在近三年（2015～2017年）的排名总体比新疆排名靠前，并呈现上升位次较快的态势。例如，2004年海南排名最低即第28名，近三年（2015～2017年）排名依次为第16名、第16名、第18名，稳定在相对较前的位置。青海2004年位居第29名，近三年排名依次为第29名、第23名、第24名；云南2004年位居第25名，近三年排名依次为第24名、第22名、第22名；贵州2004年位居第24名，近三年排名依次为第18名、第18名、第16名。可见，十年前与新疆排名相近的省（自治区、直辖市）在近几年大都表现出一定的排名位次上升，特别是海南省。相比较而言，新疆的排名没有上升，且近三年（2015～2017年）还在下降。

从影响指标来看，新疆区域创新能力综合排名靠后的原因在于，占权重较大的关键指标排名靠后。以2017年为例，在占综合效用值权重0.25的企业创新指标中，规模以上工业企业就业人员中研发人员比例、规模以上工业企业研发活动经费内部支出总额占销售收入的比例和规模以上工业企业平均技术改造经费支出三项反映企业研发投入的指标分别位列第30名、第27名和第30名。占同样权重的创新环境指标中，规模以上工业企业研发经费内部支出额中平均获得金融机构贷款额和科技企业孵化器当年风险投资强度分别位列第30名和第28名；平均每个科技企业孵化器孵化基金额和高技术企业数占规模以上工业企业数比例两项反映科技企业金融、集聚方面的创新环境指标排名分别居第30名和第31名。在占权重为0.20的创新绩效指标中，高技术产业从业人数占总就业人数的比例、万元地区生产总值能耗和每亿元GDP废气中主要污染物排放量三项创新产出指标均居全国第30名。

二、新疆科技创新能力的实力、效率和潜力排名

本章多维度地将区域创新能力分解为：创新实力、创新效率和创新潜力，指标体系相应地分为实力指标、效率指标和潜力指标。本书认为，实力是指一个地区拥有的创新资源，如绝对的科技投入水平、科研人员规模、创新的产出水平、专利的数量和新产品的数量等。效率是指一个地区单位投入所产生的效益，如单位科技人员与研究开发经费投入产生的论文或专利数量。潜力是指一个地区发展的速度，即与去年相比的增长率水平。所以，在具备创新要素和创新实力的基础上，如何提升创新效率和挖掘创新潜力，是影响地区创新能力综合排名的关键。

虽然新疆区域创新能力综合排名持续靠后，但是新疆创新潜力指标排名处于中等偏上水平。而对于创新实力较弱的地区，创新潜力的小幅进步也会引起排名的显著变化。如图5-1，新疆区域创新潜力排名曲线总体明显高于创新综合指标、创新实力和创新效率的排名。以2017年为例，新疆的优势在于，其每十万研发人员平均发表的国内论文数、每十万研发人员作者同省异单位科技论文数、每十万研发人员作者异省科技论文数三项指标排名均列全国第1位；每十万研发人员作者异国科技论文数、国际论文数增长率、作者异省科技论文数增长率三项指标分别位列全国第2名、第5名、第5名，在国际论文发表和跨区域科研合作等方面，新疆的上升潜力巨大。

	2005年	2006年	2007年	2008年	2009年	2010年	2011年	2012年	2013年	2014年	2015年	2016年	2017年
综合排名	26	28	24	27	28	26	28	28	29	25	25	26	29
创新实力排名	26	22	25	25	26	27	27	29	27	27	27	27	28
创新效率排名	24	26	27	28	23	28	30	31	31	25	27	29	29
创新潜力排名	22	25	12	10	27	7	14	9	15	6	4	6	17

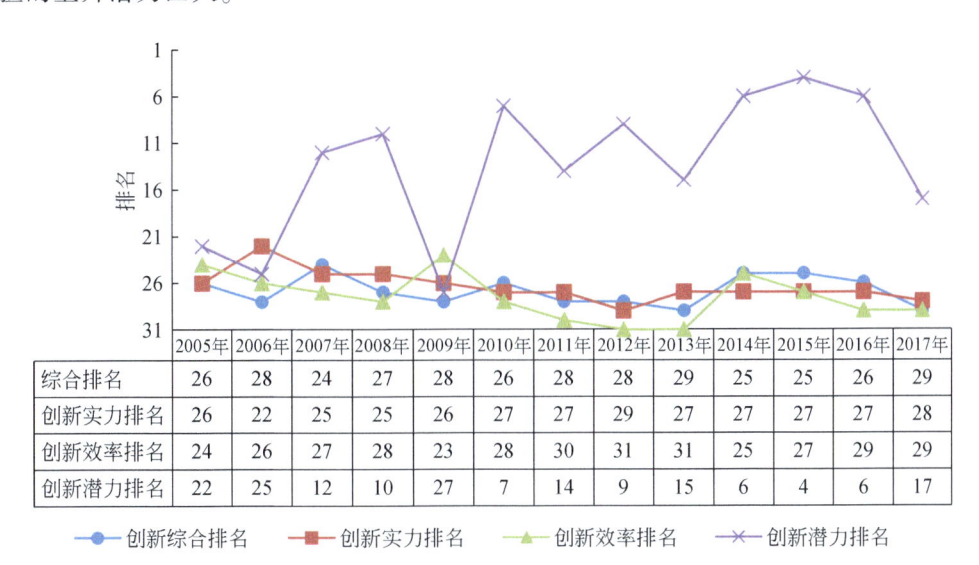

图5-1　2005~2017年新疆区域创新能力的实力、效率和潜力排名

数据来源：根据《中国区域创新能力评价报告》（2007~2019年）整理

第三节　新疆科技创新发展取得的成绩

在全国科技援疆特别是科技部援疆和部区会商的带动下，以及新疆维吾尔自治区人民政府和科技厅对科技创新工作日益重视的基础上，新疆科技创新工作取得了长足进步。第一，新疆科技创新体系逐渐完善，科技人才队伍建设不断加强，科技经费、研发经费和教育经费投入大大增加，科技创新环境显著优化和改善，科技对经济的贡献率，尤其是科技对农牧业现代化和民生的支撑作用不断增强。第二，新疆首个国际创新园成立，即中国-中亚科技合作中心。该中心被科技部认定为国际科技合作基地。中国-中亚科技合作中心的建立，将会为新疆国际科技合作打开局面，极大地促进科技信息交流、战略研究、学术交流、新技术新产品展示、技术转移转化、创业孵化、科技培训和成果推广等科技工作进一步推进。第三，根据《中国区域创新能力评价报告》（1999～2017年）近20年的科技统计数据，新疆的多项科技指标增长较快，在全国排名靠前。但新疆科技创新能力取得全面提升的同时，也面临着突出问题。

第四节　新疆科技创新发展中存在的问题

通过对2004/2005～2017年新疆主要科技创新能力指标与全国同时期内的最高水平、最低水平和平均值进行比较分析发现，新疆的主要科技创新能力指标逐年稳步上升，但是与全国平均水平仍存在很大差距，特别是与发达地区的差距在逐年扩大。

一、科技和教育投入严重不足

从新疆自身来讲，政府研发投入和教育经费支出逐年上升。但是从全国来讲，新疆的科技和教育投入比全国平均水平特别是发达省（自治区、直辖市）低很多，与全国平均投入水平仍相差很远。如图5-2、图5-3所示。

二、研发投入强度总体较低

近年来，国家对科技创新日益重视（图5-4）。2014年，全国研发投入强度（R&D/GDP）首超2%，2015年，北京突破6%。从活动主体看，企业研发经费支出比例最大，增长最快。新疆的研发投入强度总体上也在逐年加大，2009年已达0.51%，但与全国研发投入强度相比，新疆的研发投入强度还需要大幅提升。直到2017年，新疆的研发投入强度仅为0.52%。

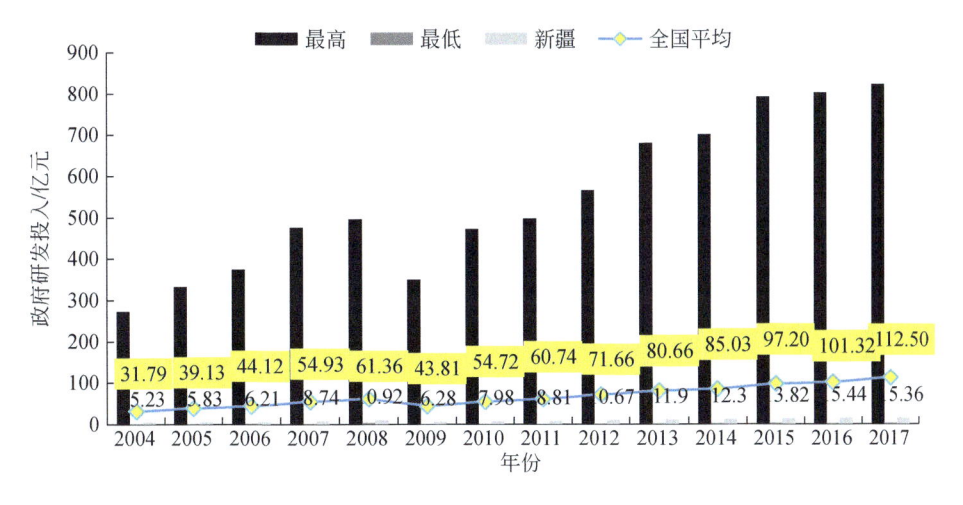

图 5-2　2004～2017 年新疆的政府研发投入变化及比较

资料来源：根据《中国区域创新能力评价报告》（2006～2019 年）整理

图 5-3　2005～2017 年新疆的教育经费支出变化及比较

资料来源：根据《中国区域创新能力评价报告》（2007～2019 年）整理

三、科技人才特别是创新型研发人才紧缺

人才是科技发展的基础，发展科技必须依靠人才。近年来，新疆的科学研究与应用研究能力有所提升[①]（图 5-5）。但是，与较低的科技和教育投入相对应，新疆科技产出水平还很低，基础研究和试验与发展研究的人才紧缺，产出水平与全国平均水平还有一定差距，规模以上工业企业研发人员数还非常低，如图 5-6 所示。

---

① 本研究以国内论文数代表科学研究与应用研究能力。

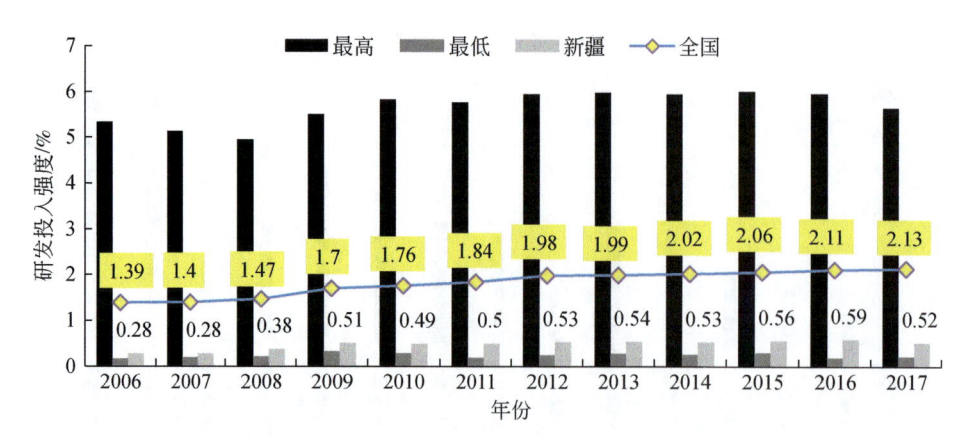

图 5-4　2006~2017 年新疆的研发投入强度变化及比较
资料来源：根据《中国科技统计年鉴》（2007~2018 年）整理

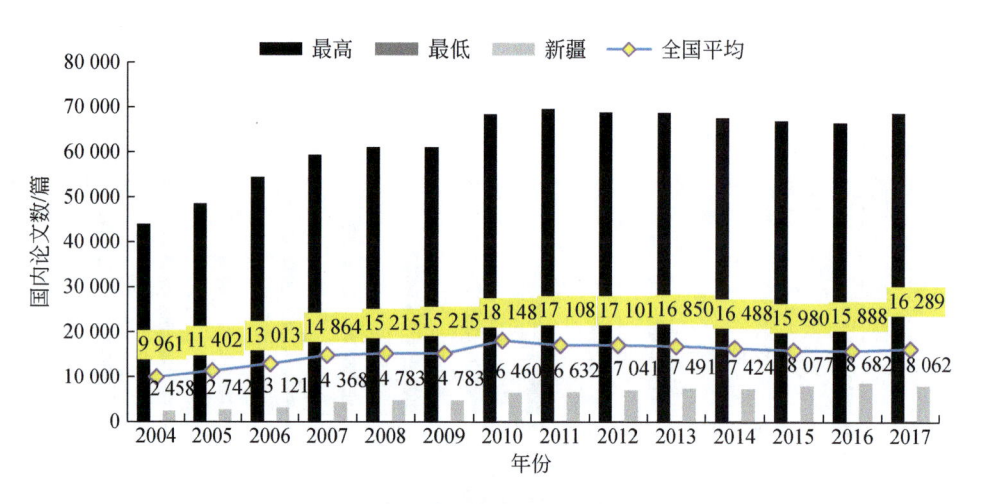

图 5-5　2004~2017 年新疆的国内论文数变化及比较
资料来源：根据《中国区域创新能力评价报告》（2006~2019 年）整理

四、企业作为技术创新主体的地位还不明显

在新疆，企业作为技术创新主体的地位还没有形成。可从以下三方面来看。

第一，企业研发投入不足。规模以上工业企业研发经费内部支出总额与全国平均水平仍差很远，企业对创新的重视和投入程度还不够，企业作为技术创新主体的地位还不明显，如图 5-7。

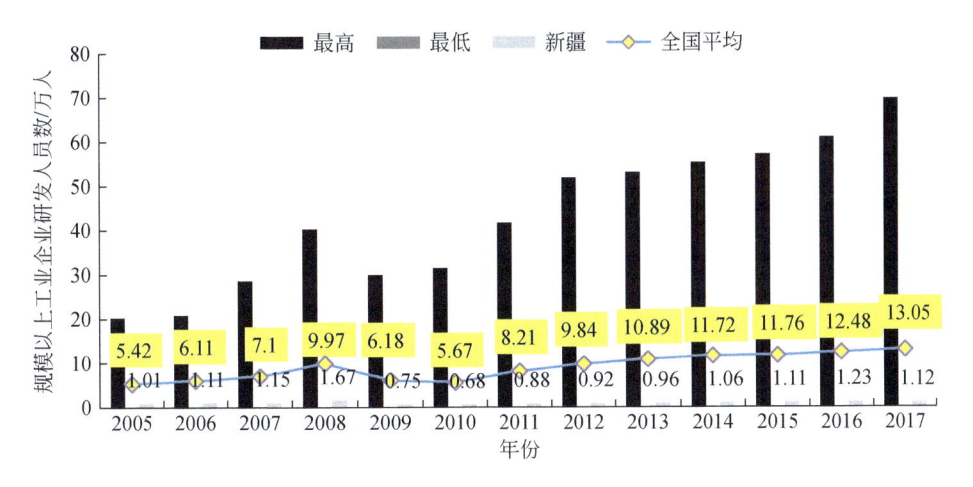

图 5-6 2005~2017 年新疆的规模以上工业企业研发人员数变化及比较

资料来源：根据《中国区域创新能力评价报告》（2006~2019 年）整理；2005~2011 年统计口径为"大中型工业企业研发人员数"

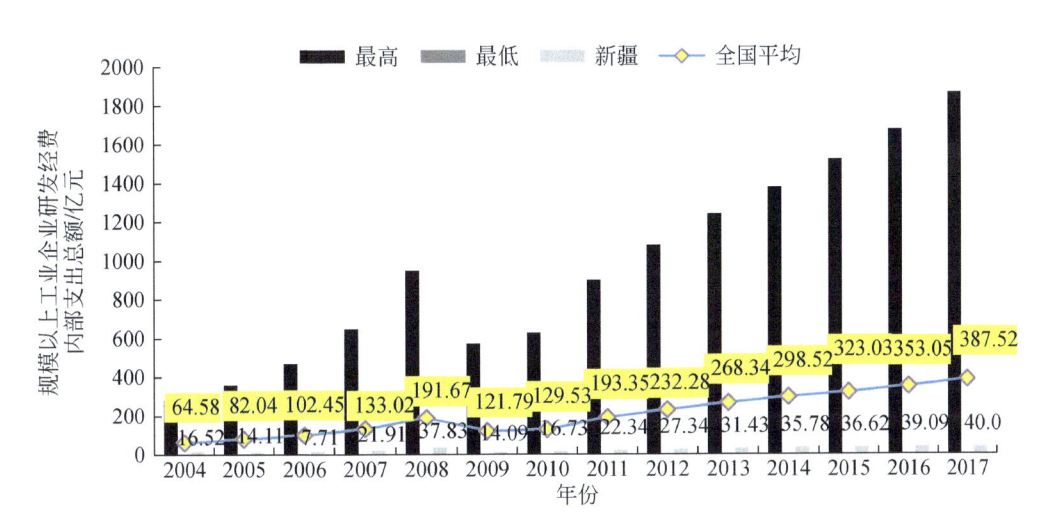

图 5-7 2004~2017 年新疆的规模以上工业企业研发经费内部支出总额变化及比较

资料来源：根据《中国区域创新能力评价报告》（2006~2019 年）整理

第二，企业发明专利授权数占比较低。虽然新疆的发明专利授权数增长较快（图 5-8），但是统计显示，70%的发明专利来自新疆的大学和科研院所。截至 2012 年 6 月底，新疆的上市公司中，72%的企业没有有效发明专利，其核心竞争力仍然是资源优势，而非技术和知识产权优势。但是大学和科研院所因缺乏试验和生产性试验平台以及资金，大多数有效发明专利还未产业化应用，形成了专利技术闲置。

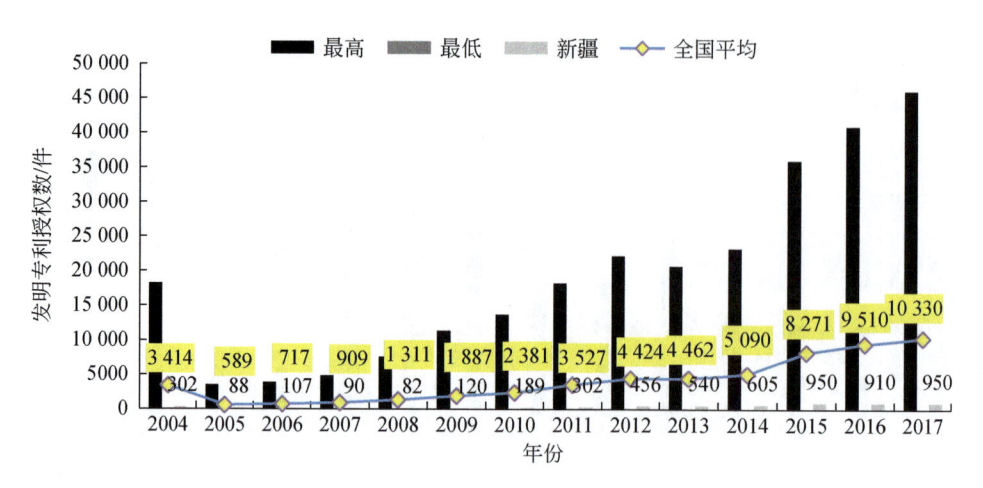

图 5-8 2004~2017 年新疆的发明专利授权数变化及比较
资料来源：根据《中国区域创新能力评价报告》（2006~2019 年）整理

五、科技成果转化能力提升较快，但新产品增长缓慢

技术市场是促进科技成果转移转化和产业化的重要渠道，是实现科技资源配置、促进产学研用合作，加快高新技术产业化的重要途径。从 2005~2017 年全国各地的技术市场交易额来看，北京已经成为全国最大的技术交易中心，新疆的技术市场交易额增长很快，但近两年（2016~2017 年）又有所下降（图 5-9），与全国平均水平的差距在整体上呈缩小趋势，增长潜力可观，这同新疆多种形式的部区会商和科洽会紧密相关。从新产品的产值来看，新疆规模以上工业企业新产品销售收入还非常低（图 5-10），这也说明了新疆大企业的创新产出水平需要大幅提升。

图 5-9 2005~2017 年新疆的技术市场交易额变化及比较
资料来源：根据《中国区域创新能力评价报告》（2007~2019 年）整理

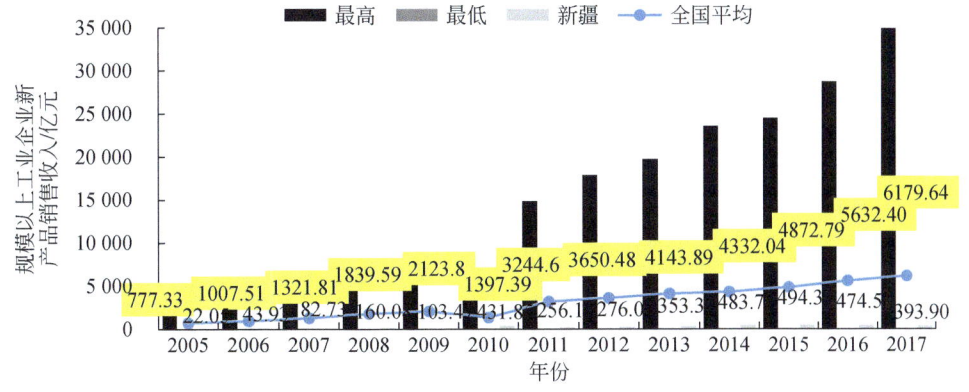

图 5-10 2005~2017 年新疆的规模以上工业企业新产品销售收入变化及比较

资料来源：根据《中国区域创新能力评价报告》(2007~2019 年) 整理；2005~2010 年统计口径为 "大中型工业企业新产品销售收入"

六、高新技术产业和第三产业规模小，水平低

新疆的高新技术企业数量逐年增长，但起步晚、规模小、数量少且增长缓慢，创新活跃度不高，基础研究能力较弱，研发水平不高。如图 5-11，以 2017 年为例，新疆的高新技术企业数占规模以上工业企业的比例仅为 1.69%。新疆第三产业增加值占 GDP 的比例增长缓慢，如图 5-12。

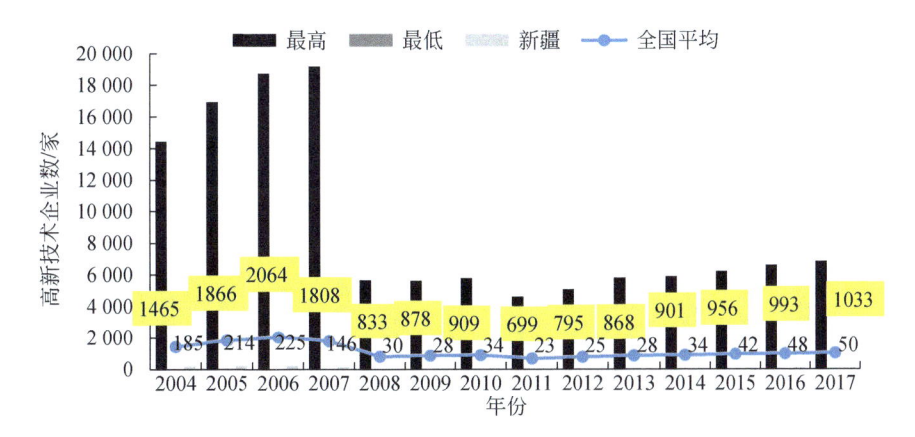

图 5-11 2004~2017 年新疆的高新技术企业数变化及比较

资料来源：根据《中国区域创新能力评价报告》(2006~2019 年) 整理；2008 年，《高新技术企业认定管理办法》实施后，对高新技术企业认定设置了更为严格的条件，包括知识产权、高新技术领域、研发费用、高新技术产品（服务）收入、人员、研究开发组织管理水平、科技成果转化能力等方面。所以，2008 年以后全国高新技术企业数减少

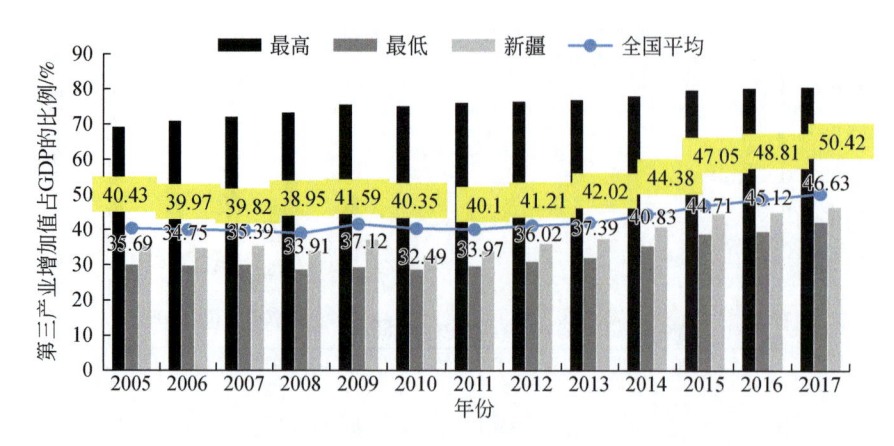

图 5-12　2005~2017 年新疆的第三产业增加值占 GDP 的比例变化及比较
资料来源：根据《中国区域创新能力评价报告》（2007~2019 年）整理

七、经济仍为粗放型经济增长

新疆的经济增长仍然以能源资源的巨大消耗为代价。如图 5-13 和表 5-1，以 2017 年为例，新疆的每万元 GDP 工业污水排放总量为 9.31t，而内蒙古仅为 6.48t，山西为 8.70t。新疆的每亿元 GDP 废气中主要污染物排放量为 120t，四川为 28.95t，河北为 72.38t。同样作为能源大省，新疆的单位产值能源消耗却高出其他省市数倍。

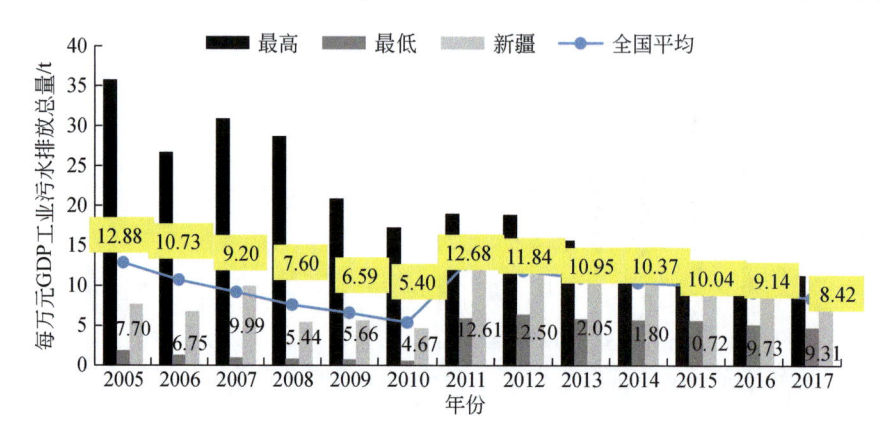

图 5-13　2005~2017 年新疆的每万元 GDP 工业污水排放总量变化及比较
资料来源：根据《中国区域创新能力评价报告》（2007~2019 年）整理

表 5-1 2005~2017 年新疆每亿元 GDP 废气中主要污染物排放量变化及比较

项目	2005年	2006年	2007年	2008年	2009年	2010年	2011年	2012年	2013年	2014年	2015年	2016年	2017年
全国平均	274	233	180	14 809	14 292	15 849	12 970	133	120	115	101	64	50
最高	815	753	574	40 082	34 734	96 609	77 652	453	412	371	328	201	162
最低	20	10	9	328	349	315	264	19	16	13	11	6	7
新疆	258	260	246	14 640	16 308	17 122	14 085	308	296	273	226	159	120

注：该项指标 2008~2011 年统计单位为 m^3，其余年份单位为 t
资料来源：根据《中国区域创新能力评价报告》(2007~2019 年) 整理

此外，综合指标排名反映，新疆的科技创新发展还存在以下问题：第一，企业研发投入严重不足，对研发的重视程度不够，资金来源单一，融资渠道不畅通，现仍以自有资金为主，通过资本市场获得创新资金的渠道仍不畅通；第二，政府在营造创新环境、提供公共技术服务和提高科技管理水平等方面做得还不够，服务保障机制不完善，财税优惠政策和专项资金对企业技术创新的导向性作用不明显。

第六章 新疆同中亚科技合作的现状与未来展望

30多年来,新疆从实际出发,全面贯彻我国对外合作的方针和自治区扩大对外开放的战略部署,积极开展同中亚的科技合作与交流,为全区的科技进步、经济建设和社会发展提供了有效的服务。新疆同中亚的科技合作,已成为我国发展睦邻友好关系、扩大同中亚国家合作中的一个亮点。

第一节 回顾与现状

一、与中亚国家开展科技合作的主要历程

第一阶段(20世纪80~90年代初)。中国和苏联政府派遣综合性科技代表团互访,为双方科研机构、企业的学者专家开展对口直接交往开辟了渠道、创造了条件,一些学科、领域的科技交流与合作活跃起来,在种植业、畜牧业、水产业、农业机械、矿产地质、有色冶金、地震测报、干旱区地理、环境保护、微生物、科技信息等近20个领域,以联合考察、合作研究、学者专家交流、信息交换、展览与研讨会举办、人员培训等多种形式开展了科技合作与交流,并取得了一批重要成果。

第二阶段(20世纪90年代初至2000年)。新疆在开展同中亚五国的科技合作与交流时,重视加强同西北其他省区、东部省市的合作,并重视科技合作与对外经济合作与贸易的结合,发挥了科技合作在对外经济合作与贸易中的先导作用。同时,以联合开展软科学研究为先导,推进了中哈邻接地区的科技、经济合作。

第三阶段(2000年至今)。这一阶段,在国家和自治区人民政府的有力推动下,新疆与中亚等周边国家的科技合作得到了长足的发展,承担了许多与中亚国家开展国际科技合作的任务,建立了双边、多边的科技展览、成果推介、人员培训等合作交流机制,以及中俄哈蒙阿尔泰区域合作机制。由新疆主导合作方向的项目越来越多,技术输出和技术产品出口的比例大幅上升,合作领域从技术层面向产业层面的转变加速。

二、与中亚国家开展国际科技合作的现状

(一)建立国际科技合作机制

一是参与上海合作组织(简称上合组织)框架下科技部长例会合作机制。2010

年科技部将新疆纳入上合组织科技部长例会合作机制，在上合组织科技合作中的地位和作用进一步凸显。二是牵头建立和发展中俄哈蒙阿尔泰区域合作机制。三是新疆与中亚区域国家科技主管部门通过多种形式和途径广泛开展交流与合作，取得明显成效，形成了"双边科技经贸人员培训""对发展中国家培训班""科技合作论坛""高新技术交易展"等稳定的合作平台。

（二）搭建国际科技合作平台

新疆通过国际科技项目的实施，有效带动了国际科技合作平台建设。目前，新疆已建成国际科技合作基地8家，除了国际科技合作基地建设，新疆与中亚国家还共建了多个科技合作中心、科技合作工作站等国际科技合作平台，极大地提升了新疆在中亚国家中的科技影响力。2012年7月20日，科技部和新疆维吾尔自治区人民政府举行了第四次部区工作会商会议，决定加快推进"中国-中亚科技合作中心"建设，将新疆建设成为我国与中亚国家科技合作与交流的重点区域，使其成为在中亚区域具有重要影响力和辐射力的科技中心和创新中心，构建向西开放科技合作新格局。

（三）开展国际科技合作活动

一是合作领域日益宽泛。多年来新疆与中亚区域科技合作涉及有色金属提炼、地质勘探、石油、天然气、化工、农业、畜牧业、微电子技术、生物技术、新能源、建材、仪器仪表、地震、医疗、轻工业等20多个领域。2006~2014年，合作项目106个，国家和自治区共计支持金额2亿元以上。二是合作形式越发多样。新疆与中亚区域的科技合作在科技考察、技术交流、品种交换、合作研究、共同勘探、技术引进、技术输出、合办科研生产联合体、举办国际学术会议等方面取得较大成绩。不仅有以前的对等交换、对等接待、直接合作、对口合作等方式，还有专利产品转让、科技信息网共建、科技信息与资料共享等方式，不但加强与中亚区域国家开展多领域、多层次的科技交流与合作，还为其无偿提供计算机及其辅助设施、地震监测仪器等。三是合作规模持续扩大。新疆与中亚区域国家的科技合作还反映在大量的科技人员的交流与合作上。据统计，2001~2014年，仅新疆维吾尔自治区科学技术厅系统出访团组数量就达450批、1567人次；接待来访团组240个、693人次。

第二节 成就与问题

一、与中亚国家在重点领域开展的科技合作成就

推进同中亚国家开展广泛的科技合作是新疆长期坚持的基本战略目标。多年来，在广大科技工作者的共同努力下，新疆在农业科技、新能源、资源环境等多个领域

与中亚国家之间开展了积极的科技合作,取得了突出的成就。

一是农业科技领域取得新突破。新疆从俄罗斯引进了高白鲑养殖专家,成功解决了该种冷水鱼人工孵化的技术难题,改写了赛里木湖没有商品鱼产出的历史。从俄罗斯、哈萨克斯坦引进大果沙棘、西伯利亚稠李、西伯利亚花楸等苗木,建立了"阿尔泰山系珍稀植物实验圃"。2015年由新疆农业科学院等单位与吉尔吉斯斯坦、塔吉克斯坦联合完成的"中亚特有生物资源引进与联合研究"项目获得了3300余份引进资源的田间数据和种子,极大丰富了新疆农作物品种及种质资源库,填补了新疆乃至我国一些中亚特色资源的空白。

二是新能源领域合作交流密切。新疆与中亚国家合作举办"中亚太阳能开发利用技术国际培训班",已为中亚、俄罗斯培养了近200名专业技术人才。贴有"中国制造"标签的太阳能热水器、太阳能用户电源、太阳能空调已走进中亚国家的千家万户。

三是资源环境领域特色鲜明。2014年,由中国科学院新疆生态与地理研究所与中亚五国合作的"中亚地区应对气候变化条件下的生态环境保护与资源管理联合调查与研究"项目建立了国际上第一个可服务于上合组织的中亚生态与环境数据库。2015年,"阿尔泰山矿产资源跨境研究"项目被列为国家科技计划项目。

四是信息通信领域惠及民生。新疆科技发展战略研究院与哈萨克斯坦、塔吉克斯坦、吉尔吉斯斯坦等国的信息中心合作创建的"中亚科技经济信息网",已成为中国与中亚信息交互的门户网站。2012年,新疆乌鲁木齐区域性国际通信业务出入口局成立,与中亚各国的大容量光缆首次实现直接联通,从乌鲁木齐到哈萨克斯坦的国际电话传输距离减少5000km,时延减少60ms。

五是园区合作前景广阔。2012年始建的新疆中塔农业科技合作园已进入大面积推广阶段,开展商业化运作,最终建立以中方企业为主体的境外农业科技园区新模式。2014年,"中国–中亚科技合作中心"被科技部认定为国家国际科技合作基地,成为新疆首个国际创新园。

六是企业对外投资力度逐步加大。截至2013年,新疆对中亚五国直接投资企业达239家,投资金额逾1.7亿美元,占新疆企业对外直接投资总额的45%。其中有11家新疆高新技术企业分别在哈萨克斯坦、塔吉克斯坦、吉尔吉斯斯坦、乌兹别克斯坦投资,领域主要涉及电气、能源、化工等,如特变电工股份有限公司、金风科技股份有限公司、中国石油西部钻探工程有限公司等。

二、存在的问题和困难

一是缺乏规范的协调机制。技贸合作交流渠道不畅,科技合作与开发的相关文件约束性不强,资本、技术和人员在区域内流动还存在困难,签证通关手续烦琐,增加了科技合作的成本;战略研究和长远规划滞后,相关支持政策有待健全。

二是合作各方科技合作经费投入不足。在引进科技成果和转化为生产力的过程中，未能将国际科技合作与科技金融有机结合。

三是专业型人才缺乏。缺少通晓对方语言的复合型科技人才，引进和培养创新型人才的力度与方式有待改善。

第三节 未来与展望

一、形势与需求

随着科技革命和市场经济的发展，经济全球化已成为当今世界经济发展的主要趋势。2013年9月，国家主席习近平在哈萨克斯坦提出共建"丝绸之路经济带"倡议，对于我国与周边国家睦邻友好、共同繁荣发展、扩大我国向西开放具有十分重要的意义。2015年5月8日，国家主席习近平与俄罗斯总统普京共同签署了《关于丝绸之路经济带建设与欧亚经济联盟建设对接合作的联合声明》。根据声明，双方将开放更多贸易和投资通道，推进各领域经济合作，为共同建立大型自贸区打下坚实基础。丝绸之路经济带将成为欧亚经济联盟与亚太经济圈相连接的桥梁，为欧亚经济一体化进程注入新活力。

新疆作为丝绸之路经济带的核心区，应抓住这个重大机遇，切实加强与丝绸之路经济带沿线国家的科技合作，努力当好共建"丝绸之路经济带"的桥头堡、主力军和排头兵。新疆与中亚区域在科技的许多学科领域特别是产业技术方面各有所长、互有所需，面临大量的共同课题，合作与发展的潜力很大。深化和扩大新疆同中亚区域的科技合作，对于新疆加快转变经济发展方式和调整产业结构、贯彻落实对外开放的基本国策、创造参与国际经济技术合作和竞争新优势具有深远影响。

二、方向与目标

以"平等合作、互利共赢、共同发展"为合作原则，以技术为主导，加速科技成果的交流、转化和优化组合，用科技创新支撑和引领中亚区域产业的快速发展和经济的共同繁荣，使新疆成为丝绸之路经济带科技合作和交流的核心区域。

不断创新科技合作模式，以共同研发需求为导向，通过政府引导、多主体共同参与，整体推进"项目-人才-基地"相结合的国际科技合作新模式，推动新疆科技走国际化发展道路；深化合作内容，积极创造条件，吸引国内外知名科研机构和大学的科研人员与新疆的科技力量在优势领域开展科技合作研究，并使科技合作向产业化方向延伸，努力将新疆建设成为在丝绸之路经济带具有重要影响力和辐射力的科技中心；加强科技合作的统筹协调，改善科技合作环境，加大科技合作的政策支持力度，加强科技合作信息化建设，通过构建覆盖全疆地州、县市，联合对口援疆省市，连接中亚国家及俄罗斯的科技信息全方位交流共享服务体系，使新疆成为丝绸之路经济带上的科技信息枢纽。

三、重点与任务

（一）围绕科技需求组织科技合作，推动优势产业技术进步

从丝绸之路经济带核心区建设的需求出发，组织实施一系列重大国际科技合作项目，强化新疆与中亚区域在农业、能源、矿产资源、气候变化、生态环境、生物资源、高新技术、交通经济走廊建设等领域的科技合作，促进优势资源领域发展并带动其他领域科技进步。加强优势产业共同开展研究、开发、教学等实质性的合作，推动科技信息、科技设施、科技贸易、科技金融和企业孵化器等科技产业的发展。加强成果转化和技术输出，逐步推进新疆先进技术和科技成果在中亚区域的转化和产业化，发展技术、技术标准和技术规范向中亚的输出，增强新疆科技发展的辐射影响力。

（二）完善科技合作机制，实施上海合作组织科技伙伴计划

积极推动实施上海合作组织科技伙伴计划，并由科技部与上海合作组织其他成员国协商，由各成员国每年提供相应的资金支持。上海合作组织科技伙伴计划将围绕成员国共同面对的重大社会经济发展问题开展联合研究开发活动，共同解决问题。在环境和能源、农业、信息技术、水资源、装备制造、食品、减灾防灾等领域，开展联合研究和先进技术示范与推广等科技合作活动。

（三）加快建设"中国–中亚科技合作中心"

在新疆乌鲁木齐建设中国–中亚科技合作中心总部，组织协调在新疆和中亚国家建设国际科技合作基地、联合实验室、联合工程技术研究中心、创新园及产业示范基地；组织协调新疆及对口援疆省市与中亚国家间的国际合作项目，使其成为统筹协调与服务管理的枢纽。推进六个中心——科学研究中心、信息中心、产业技术中心、农业科学中心、会展中心、喀什中心的建设，建立聚集在总部周围的功能齐全的共享服务平台，形成集多功能于一体的"一站式"国际科技交流合作中心。

第四节 措施与建议

一、主动抓好丝绸之路经济带新机遇，进一步构建向西开放的国际科技合作新格局

服务科技外交大局，落实丝绸之路经济带核心区建设，积极对接上海合作组织科技伙伴计划，以中国-中亚科技合作中心、中塔农业合作示范园建设和重大国际科技合作项目为支撑，加快落实各项任务。率先在中亚国家建立高新技术产业园区，引进国内和疆内现代服务业机构，支撑和推动企业"走出去"，把新疆建设成为丝绸之路经济带上具有重要影响力和辐射力的科技中心和创新中心。

二、推动科技援疆与其他援疆机制深度融合，引导全国科技援疆资源融入核心区建设

面向中亚市场，积极承接东部沿海地区先进产业转移，在科技部的支持下，加强联合内地共同开拓中亚技术市场的协调机制和工作机制，将其纳入全国科技援疆的重要组成部分，在科技部的协调下，动员19个对口援疆省市在科技援疆中列入与中亚区域科技合作相关的内容，与新疆共同开展面向中亚区域的科技合作。

三、建立多元化的国际科技合作投入体系，更好发挥财政资金在国际科技合作中的引导作用

鼓励和引导企业、科研机构、高校和社会团体等加大对国际科技合作的投入，建立多元化投入渠道，形成国家投入、自治区配套和社会资金集成使用的多渠道国际科技合作投入体系。充分利用国家设立的400亿美元丝路基金和援疆基金，启动丝绸之路经济带建设重大科技合作专项，加快建设中国与中亚科技合作平台。

四、扩大自治区科技计划的对外开放，构建科技合作"绿色通道"

制定自治区科技计划对外开放的相关细则，分阶段、分领域逐步开放自治区科技计划，重点以新疆在经济社会发展中的重大科技需求和产业发展中存在的实际问题为导向，推动新疆在区域重大经济问题中的参与度。加强对外资机构的审查和对风险的防控能力，避免涉密技术、成果、资金和人才的流失。建立新疆与中亚科技合作的"绿色通道"。

五、加强国际科技合作中的知识产权保护，建立快速反应、协同运作、有效应对的涉外知识产权处理机制

广泛开展同中亚五国的知识产权合作，推动与欧亚知识产权联盟的对接，在国家层面达成多边知识产权保护协定。研究中亚国家知识产权政策和法律环境，建立中亚国家知识产权法律法规信息数据库。培养专业人才，在新疆和中亚五国设立涉外知识产权纠纷调解处理机构，提供国际知识产权法律援助服务。强化国际科技合作中的知识产权保护意识，明确知识产权的归属以及利益的分配。

第七章　新疆创新驱动发展的总体思路

第一节　总体思路与目标

一、关于试验区名称

《中共中央关于制定国民经济和社会发展第十三个五年规划的建议》提出，"创新是引领发展的第一动力。必须把创新摆在国家发展全局的核心位置，不断推进理论创新、制度创新、科技创新、文化创新等各方面创新，让创新贯穿党和国家一切工作，让创新在全社会蔚然成风"。在阐述"坚持创新发展，着力提高发展质量和效益"中，提出"在国际发展竞争日趋激烈和我国发展动力转换的形势下，必须把发展基点放在创新上，形成促进创新的体制架构，塑造更多依靠创新驱动、更多发挥先发优势的引领型发展"。

由此可见，在"十三五"规划中，"创新发展"成为一个更具综合性的名词，将替代"创新驱动发展"成为更为普遍使用的名词。创新发展包含了理论、制度、科技、文化等诸多方面，更加适合新疆进行全面改革和试验的需要。因此，建议使用"创新发展综合改革试验区"的概念。

二、总体思路

创新发展将成为全国经济发展的一个"新常态"。在这个大背景下，我国经济增长对于能源原材料的需求将进入"平台期"，这将对传统能源原材料基地省份产生巨大影响。这类省份若不能及时调整发展思路、转向创新发展，将面临潜在的增长危机。事实上，东北三省、山西、河北都在不同程度上遇到了危机。而同样曾经是能源原材料工业大省的安徽，由于在创新发展上先行一步，较为成功地实现了转型，近几年的经济增长一直名列全国前茅。

走创新发展之路是新疆实现长治久安的需要和保障。新疆是典型的以能源原材料产业为主体的地区。尽管石油、天然气、石油化工、煤炭、煤化工、钢铁、有色冶金等部门为过去十年新疆的经济增长做出了重大贡献（目前仍占新疆工业增加值的80%以上），但是随着全国对能源原材料需求强度的下降，这些部门都面临增长乏力的问题。同时，新疆新兴产业规模小，大型国有企业比例高（占工业总产值的60%和从业人员的45%以上），中小企业发展慢，内生增长动力不足。可以说，若不走创新发展之路，新疆恐将很快出现"新东北现象"。

创新发展是新疆建设丝绸之路经济带核心区的唯一途径。为推动新疆的发展，《推动共建"一带一路"的愿景与行动》将新疆列为丝绸之路经济带核心区。2014年11月，新疆提出打造核心区的思路，即建设"五中心三基地一通道"，包括区域性交通枢纽中心、商贸物流中心、金融中心、文化科教中心和医疗服务中心，以及国家大型油气生产加工和储备基地、大型煤炭煤电煤化工基地、大型风电基地和国家能源资源陆上大通道。应该说，这些定位基本上符合新疆当前的发展现状。但是，就落实十八届五中全会提出的"五个发展"理念而言，新疆核心区建设尚未真正破题。因此，新疆必须适应全国发展阶段的变化，积极谋求在创新发展上取得突破，才能建设成为丝绸之路经济带的核心区，也才能在丝绸之路经济带建设中发挥核心作用。

新疆需要实施创新发展战略，但是新疆也是全国实现创新发展难度最大的省区之一。尽管新疆具有某种优势，如某些特殊领域和少数企业已经具有较高的技术创新能力和水平，但是总体上新疆的科技创新能力排在全国最低行列。不但技术创新所需要的核心要素（即创新人才和科技金融）十分薄弱，而且创新平台建设缓慢。因此，新疆实施创新发展战略，既需要区内的全面动员和积极奋进，也需要东中部发达省市和中央有关部门、大院大所的大力支持。以提高新疆技术创新能力为核心的新一轮科技援疆，是新疆实现创新发展的必要途径。

创新发展需要以科技创新为主体的全面创新，包括理论创新、制度创新、科技创新、文化创新等。创新发展需要发展观念的转变，需要探索建立全新的管理机制，需要政府各部门之间的全面协同，需要建立有利于创新和创业的社会环境，因而创新发展也是全面深化改革的发展。

综上所述，丝绸之路经济带创新发展试验区建设的总体思路如下。

全面贯彻十八大和十八届三中全会、十八届四中全会和十八届五中全会精神，以及习近平总书记系列重要讲话精神，以"五个发展"理念为指导，以"一带一路"建设、创新驱动发展战略和新一轮援疆工作为契机，积极树立新观念、建立新机制，将新疆自身条件和动力与兄弟省市援助紧密结合，采取特殊政策和措施加大吸引创新人才和科技基金的力度，充分发挥市场配置资源的主体作用，创建以企业为龙头的多种形式的创新单元和创新体系，依靠技术创新和体制机制创新的"双轮驱动"，瞄准新产品、新产业和新业态，加快提高新疆的科技创新能力和科技成果转化能力，推动新疆的产业转型、经济发展和社会就业，为长治久安打下坚实的基础。

建设好丝绸之路经济带创新发展试验区，需要充分重视七个"一"工作，即一个良好的创新创业氛围；一个强有力的领导机构（一把手挂帅）；一个政府建设基金；一个人才特区（一批创新型高端人才）；一批风投基金（VC、PE）；一批龙头企业；一个政策平台。总体上，创新氛围要浓厚，组织领导要高效，旅游产业要先行，国际商贸要畅通，人才高地不能空，科技金融要丰厚，企业创新当龙头。

三、战略定位

丝绸之路经济带创新发展试验区建设并不是要打造全球的科技创新中心，而是要打造面向中亚和西亚的科技创新高地、丝绸之路经济带科技成果转化示范区、西部欠发达地区创新驱动产业转型示范区。

(1) 面向中亚和西亚的科技创新高地。依托中国-中亚科技合作中心以及其他创新单元和载体，打造创新人才和科技金融的聚集高地，形成对中亚和西亚区域具有辐射和带动作用的科学研究中心和技术创新中心。

(2) 丝绸之路经济带科技成果转化示范区。采取特殊政策措施，打造科技成果转化"特区"，努力推动东、中部地区适用先进技术与新疆优势产业的嫁接，在丝绸之路经济带建设上发挥科技成果转化的示范作用。

(3) 西部欠发达地区创新驱动产业转型示范区。通过内、外动力有机结合，加快提高新疆的创新能力和水平，推动新疆从以传统能源原材料为主的经济结构向资源深加工、先进制造、旅游商贸等产业转变，增强发展后劲。

四、建设目标

通过 5~10 年建设，形成浓厚的创新氛围和良好的创业环境，建成对创新人才具有吸引力的"人才特区"，发展一批以企业为龙头的创新园区和形式多样的创新单元，大幅度提高新疆的创新能力，在信息产业、装备制造、生物产业、资源深加工、国际商贸和文化旅游六大产业上形成较强的竞争力，使新疆产业结构实现根本性转型，传统资源型产业占工业产出的比例下降到 50% 以下，高新技术产品所占比例提高到 25% 以上，成为对中亚和西亚具有辐射作用的创新高地。

第二节 创新方向与模式

一、技术创新的方向与模式

(一) 产业发展现状

一是能矿原材料产业成为主导产业，但转型发展压力大。新疆石油、天然气和矿产资源丰富，因此石油石化、矿产资源开发成为新疆主导产业。2017 年石油石化工业总产值达到 3151.55 亿元，规模以上工业企业达 296 家，从业人员 17.46 万人，形成了以乌鲁木齐、独山子、库尔勒为代表的石油石化工业园区。矿产资源开发产业 2017 年拥有规模以上工业企业 257 家，当年实现工业总产值 1541.6 亿元，占新疆工业产业当年生产总值（9645.7亿元）的15.98%。化学原料及制品领域拥有规模以上企业207家，2017年实现工业总产值914.1亿元。但近年来，能矿原材料产业能源消耗较高、产能过剩，就业拉动小，产业结构调整迫在眉睫。

二是以风电光伏设备为代表的新型装备制造业快速发展。近年来，新疆大力推动装备制造业产业结构调整，在加快改造提升农牧机械、采掘机械等传统产业的同时，大力发展新能源装备、通用航空灯高端装备制造业。一批特色鲜明的装备制造产业基地建设稳步推进，部分技术装备和重点主机产品达到国内领先水平，逐步形成了以金风科技股份有限公司为龙头的风力发电装备产业集群，以新疆新能源（集团）有限责任公司为代表的太阳能光伏发电产业集群，乌鲁木齐、哈密、石河子、奎屯-独山子、阿拉尔等风力、光伏产业制造基地建设加快。上汽大众汽车有限公司、三一重工股份有限公司、陕西汽车控股集团有限公司等装备制造龙头企业纷纷进军新疆装备制造业，使得新疆装备制造业生产能力迅速提升，成为最具发展潜力的产业之一。2017年，新疆装备制造业规模以上197家企业累计完成工业总产值580.6亿元。

三是信息产业实现了历史性的跨越。2017年新疆信息传输、软件产业和信息技术服务业收入突破145亿元大关。多语种信息技术发展成效显著，成为新疆软件产业发展的主要特色，基于互联网、移动互联网、云计算等新一代信息技术逐步在石油、化工、电力、能源、交通、农业等领域得到广泛应用，一大批信息行业产品市场占有率逐步增大，对改造和提升传统产业，以及促进"两化"融合发挥了重要作用。乌鲁木齐、克拉玛依和昌吉等云计算产业园区（基地）取得突破性成绩。克拉玛依信息异地灾难备份中心、华为云服务数据中心、中国石油新疆区域数据中心等云计算数据中心聚集效应初步显现。2017年全疆软件和信息服务业企业数量达到131家，是2001年的14.6倍。

四是生物产业取得突破性发展。新疆的生物技术产业主要集中在生物医药、民族医药、农副产品深加工及有效成分提取、生物饲料等领域。新疆独特的中药材资源、特色林果面积超过1774.61万亩①，设施农业面积超过41.31万亩，为大力发展具有地域特色的生物医药、生物农业和生物制造创造了条件。孕马尿结合雌激素系列生物医药产品已获欧盟EMDA认证，开拓了欧洲等国际市场，动物用疫苗系列维吾尔医药等具有独特的疗效和地域特色。生物饲料发展较快，已经在新疆畜牧养殖业中得到广泛应用；以植物有效成分提取为主的深加工发展较快，已经拥有了一些疆内知名品牌，部分植物资源企业拥有的技术或专利已经处于全国领先水平，而生物育种、疫苗尚停留在技术层面，未形成产业化。

五是装备产业、信息产业和生物产业发展基础薄弱，整体规模小，自主创新能力有待提高。目前，新疆装备制造业的工业总产值占全区工业总产值的比例不到6.1%，整体规模小。风电、光伏设备以及软件及信息产业带动行业发展的龙头企业

---

① 1亩≈666.7m²。

少，产业配套能力弱，技术能力有待进一步提高，多数产品处于价值链的中低端，高附加值的新产品开发能力有待加强。生物产业规模偏小，缺少有影响力的品牌产品。生物制药产业只有一家企业产值上亿，其他企业规模普遍偏小，资本构成较为单一，多为企业自身积累；2016年，新疆民族医药产值达8.4亿元，全区拥有民族医疗机构制剂室22家；国家药物临床试验机构6家（其中中药民族药机构3家，认定专业35个）、国家药物安全性评价实验室1家（新疆维吾尔自治区维吾尔医药研究所）、自治区维吾尔医药重点实验室5家，基本具备了维吾尔医药研发的资格和条件，但由于没有一个系统的标准体系，发展受到很大限制。自主创新能力不强，技术高度依赖疆外，研发投入不足，2017年新疆地区研发经费仅占当年GDP的0.52%，融资渠道窄，缺少既懂专业技能又懂技术的复合型人才，人力资源的结构性矛盾突出，已成为制约和影响新兴产业发展的主要因素。

（二）能矿资源深加工技术创新方向

1. 石油及石油化工领域技术创新方向

立足新疆资源优势，增强石油及石油化工行业创新能力，大力发展高附加值的下游产品，形成石化材料产业群和国家级石化材料产业基地。

一是重点发展以石油、天然气为基础原料的聚乙烯、聚丙烯系列新型材料，着力发展以石油、天然气、煤炭为基础原料的工程塑料、新型高分子材料、聚氨酯、弹性体、有机硅、新型复合材料；以克拉玛依石化产业为基础，加快发展以环烷基原油为原料的新材料产业，大力发展特色橡胶等。二是新疆石化新材料制造业的绿色转化。以发展低碳、节能、节水的石化新材料生产技术为主体，实现新疆石化新材料制造业的绿色转化，发展完善的石化材料产品链、石化材料产业集群，以高质量的产品占据高端石化产品市场。三是利用新技术加快三废处理技术改造。采用高级催化氧化、等离子、光电催化及组合工艺技术对传统三废处理技术进行改进，提高三废处理工艺技术的经济性，满足日益严苛的排放标准。重点针对页岩气、致密油气开采，复杂地质构造，天山南北山前构造油气开采，下组合油气开采，欠平衡工艺、定向水平井工艺、大位移井工艺开采配套技术，以及围绕以上开采技术进行的钻井、完井、固井、采油机械设备与工具、工作液体的研发。实现油气能源勘探开发向页岩气致密油、复杂地质构造、同一油井浅中深组合开发等开采技术的快速发展。

2. 煤炭煤化工领域技术创新方向

以煤化工关键设备和成套技术装备开发为重点，加快培育具有自主知识产权的煤化工核心技术。一是以推进煤质分层综合利用为目标，开展煤制天然气、煤制油、煤制甲醇及乙二醇等关键工艺与技术研发。开发新型节水节能型煤化工技术以及三废处理技术，为实现煤化工产业高效、节能低耗、三废"零排放"发展提供技术支撑。重点开展基于准东煤的大型超（超）临界发电成套技术和高参数超（超）临界关键技术研究；准东煤燃烧特性和结焦特性研究；燃煤污染治理，二氧化碳分离、埋藏及利用技术研究。二是加快新型大型煤气化技术研发与示范。新型大型煤气化技术是现代煤化工技术的核心环节，是发展煤制天然气和其他煤基化学品和合成燃料的关键，也是煤气化联合循环发电、多联产系统等众多行业发展的龙头。重点围绕煤制天然气、煤制液体燃料和化工品，开展低阶煤综合加工提质技术、催化气化等新型煤气化技术；开展大型合成反应器、高效低成本催化剂、专用设备、油品加工催化剂和新工艺、新型催化合成、副产品综合利用、煤化工产业节能、节水及系统能量梯级利用技术等关键技术研究。三是加快煤化工领域循环经济支撑技术体系建设。针对煤化工生产废水，开发高效脱酚萃取剂及脱油絮凝剂、催化氧化催化剂等关键材料和废水处理新工艺或集成工艺，完成相关示范工程，形成煤化工领域循环经济支撑技术体系。开展全疆煤层气资源赋存富集规律及其主要的控制因素的分析研究工作，形成勘查开发潜力定量评价标准体系。四是加强开展煤层气的综合利用技术研究。开展煤层气资源信息标准及规划，地理信息系统、数据库及评价信息系统研究工作。在准东地区开展深部煤层气钻完井技术、压裂工艺技术和排采工艺技术，重点开展煤层气的综合利用技术研究。

3. 矿业及冶金工业技术创新方向

加强基础研究和国内外合作，创新成矿理论，确定矿业发展的重点领域和重要矿种；采用先进技术，进行立体勘查。一是重点发展稀有金属高纯度化和新功能开发。电子、通信等尖端产业迅速发展，稀有金属新材料和高纯度的金属材料的重要性日益增高。依托优势矿产资源，加强技术和产品的研究开发，重点发展稀有金属新材料和高纯度的金属材料，延伸产业链条，提升产品附加值。二是研究推广以绿色、智能、协同为特征的建材应用先进设计技术，建设完善绿色建材创新设计生态系统。发展高性能混凝土、混凝土工程构件、建筑部品、石材、特种玻璃和高档玻璃，以及新型节能墙体材料的绿色制造与工程应用技术。研究建筑垃圾资源化利用的再生技术和装备。重点研究开发新型晶体材料、特种结构与功能陶瓷材料、高性能微晶陶瓷材料、纤维增强热塑性复合材料、高端纤维增强复合材料、环保型高性能摩擦密封材料等新型无机非金属建材。开发硫铝酸盐水泥熟料和高贝利特硅酸盐水泥等新品种，形成具有自主知识产权的特种水泥新型干法生产技术。三是提高矿产资源综合开发利用技术体系建设。开发高效超细粉碎、煅烧、提纯、改性、复合等非金属矿物材料通用深加工技术，开发战略性矿物资源的高效利用技术，以及重要共伴生矿、低品位矿和尾矿高附加值综合利用技术，研究开发高性能矿物功能材料、环保材料、生态修复材料、节能与新能源材料制备与应用等金属矿物材料开采及深加工技术。

（三）装备制造业技术创新方向

1. 输变电装备与储能技术创新方向

一是加强特高压输变电装备关键技术及成套设备研发。瞄准国际先进水平，不断提升研发能力和制造水平，重点研制±1100kV高压直流输电关键技术及成套设备、新型特种专用变压器，积极推动特高压交直流成套装备、发电机保护断路器成套装置、智能变电站成套装置、智能配电网成套装置、柔性直流输变电设备、用户端电器元件、用户端电气成套装置发展。二是积极推进智能电网建设的关键技术。重点发展储能技术研发和应用，突破分布式发电、储能、智能微网、主动配电网等关键技术，加强研发大规模间歇式电源并网与储能、高密度多点分布式电流并网、大电网智能分析与安全稳定控制系统、输变电设备智能化等核心技术。三是加大企业"走出去"支持力度，特别是新能源领域。鼓励龙头企业采取工程总承包等形式，带动发电机、变压器、高低压开关、电线电缆等输变电设备向中亚地区批量出口，鼓励龙头企业与境外机构成立联合研究中心。

2. 风电与光伏产业技术创新方向

以控制技术为核心的整机产业，加快发展3MW以上大型风力发电机组及关键零部件、太阳能电池组件等新能源装备；以关键零部件为重点的配套产业，加快发展大功率双馈式发电机组、直驱式发电机组的设计制造，提高发电机、齿轮箱、大型结构件等关键零部件技术水平和制造能力。重点开展大型风力发电机组研制及并网风电场调度技术；高效太阳能集热器及大型光伏电站成套技术及装备开发；开发以清洁能源为基础的智能微电网技术、光伏建筑一体化技术、风光互补应用技术、干空气能制冷系统研究与关键技术等。光伏产业技术方向以提高电池转化效率为核心，重点发展高效晶体硅电池及组件、薄膜电池组件制造产业；鼓励发展大面积超薄晶体硅切片，减少材料损耗，积极探索和改进硅材料提纯技术。鼓励优势企业向大型化、国际化方向发展。

3. 农牧机械和节水设备产业技术创新方向

一是集成农机数字化设计、制造工艺规划、制造过程控制等技术，加快研发农牧机械技术。围绕国家和新疆现代农牧业发展需要，重点研发种子繁育与精细选别机械、高效能收获机械、变量施肥播种机械、农产品加工机械、大型粮食节能干燥机械。针对中亚国家农业生产特点，不断加强与中亚国家的农牧机械产业合作。二是积极发展节水设备技术水平。工业领域重点推广先进适用的油田产出水处理回注工艺和高效循环冷却水处理技术，积极发展高效环保节水型冷却节水设备；农业领域大力推行喷灌、滴灌等各种节水灌溉技术，鼓励发展节水灌溉设备；积极发展生活节水设备。

4. 新一代信息技术与制造业深度融合推进智能制造发展

持续推动互联网与先进制造业融合创新，加快物联网、云计算、大数据等新一代信息技术在制造业中的运用，发展新型制造模式。一是加快建立产品网络化和智能化设计制造平台。重点研究面向行业制造的网络化、数字化、智能化技术应用，加快培育智能监测、远程诊断管理、全产业链追溯等工业互联网新应用。二是推进物联网技术研发和应用示范，重点研究流程工业智能制造关键技术。支持开展虚拟制造、集团管控与制造业信息化示范等方面的研究；支持机器人研制与应用；支持基于"互联网+"数字医疗装备研发；支持基于互联网的大型农机装备制造与全生命周期协同管理系统研究。三是支持云服务与制造业协同技术研究，重点建立集团企业云制造技术、资源聚集与共享技术研发平台、制造业产业链上下游与企业群协同创新研发设计平台；支持企业间业务协同、系统互联互通体系研究。

（四）安全信息产业技术创新方向

1. 公共安全安防信息技术

重点支持全方位无障碍危险源探测检测、精确定位和信息获取技术研究，开展多尺度动态信息分析处理和优化决策技术研究；开展一体化公共安全应急决策指挥平台集成技术研究，构建公共安全早期监测、快速预警与高效处置一体化应急决策指挥平台。在监测方面重点发展智能视觉监控终端设备与系统、视频分析软件包、城市安全视频监控系统、社会治安视频监控综合平台专用设备无线射频智能提款箱、汽车无线遥控防盗系统等技术研究。

2. 网络舆情监控与信息安全技术创新方向

一是网络舆情监控技术。开展支持基于领域知识的位置感知数据时空演变过程的聚类模型、网络舆情采集与提取、网络舆情话题发现与追踪、网络舆情倾向性分析等关键技术研究；开展网络访问控制、隐私保护机制以及基于 Web 攻击的异常检测模型建立和网络流量分析研究；开展网络信息安全监控技术、加密技术、身份鉴别技术、不良信息识别和过滤技术、防毒杀毒软件、入侵检测系统、防火墙及反垃圾邮件软件、规模化新型认证鉴别关键技术、认证鉴别中间件/构件库技术、病毒防治技术等技术研究。二是信息安全技术。重点开发基于骨干通信网络的信息截获与追踪技术、无线网络安全技术、实用化网络量子保密通信技术等；无线自组网多媒体传输系统、安全测试评估工具、自主安全电子政务系统、公安警情信息研判分析系统、移动应用信息安全、音频监控信息安全等技术。

3. 多语种语言处理技术和软件产品开发方向

围绕维吾尔语、哈萨克语、柯尔克孜语等多语种信息资源的研究与开发利用、民族语言文字与汉语的翻译转化、多文种信息处理及自动化，加快多语种语音翻译系统、印刷体识别系统、机器翻译系统、维哈柯文桌面操作系统、维哈柯文办公套件等领域信息技术研发。开展面向中亚西亚的多语种语音识别、文字翻译、语义理解成套技术研发，加快开发斯拉夫语系、阿尔泰语系、阿拉伯语系的多语种基础软件、工具软件和应用软件。研究开发维吾尔文、阿拉伯文网络信息搜索、筛选、过滤软件系统，建立维吾尔文、阿拉伯文、俄文敏感词汇库，开发建设互联网动态扫描、搜索和网页抓取系统，提升对网络信息的检查、监测能力。

（五）生物产业技术创新方向

以生物医药、生物发酵、生物化工与生物环保为重点，加强生物技术研发和引进，推动成果转化与集成创新，培育和发展有区域特色的生物技术产业。一是着力推进生物医药（现代中药、民族药、动物用生物制品）产业化和特色中药材种植基地建设；加快重大动植物新品种培育，加快采用生物技术促进畜禽新品种的快速繁育和推广，加快植物新品种的扩繁及有效成分提取分离技术的推广应用。二是促进生物冶金、生物化工等生物制造技术向传统产业渗透，重点发展现代中药、生物制品、生物育种、生物肥料农药饲料、生物制造五大领域，加快发展生物可降解塑料，支持纤维素、木质素等生物质资源在化学材料中的综合利用。

（六）政策建议

1. 加大资金投入，为新兴产业发展注入强劲动力

一是增加财政投入。争取各级政府最大力度的资金投入，确保政府引导性资金投入的稳定增长。为了提高财政资金的利用效率，要建立项目与企业的绩效评估制度，并在评估的基础上，满足日益增长的科技型中小企业发展的需要，发挥财政投入的导向作用；完善政府采购技术标准和产品目录，加大政府采购对战略性新兴产业发展的支持力度。

二是设立专项资金。设立一系列扶持战略性新兴产业发展的财政专项资金，支持技术转移、中试和重大成果产业化，支持高新技术产业重大工程的实施。增加科技支撑、新产品、成果转化、科技型中小企业创新基金等计划的投入额度。以财政投入为主体，集聚社会资金，建立创业引导基金。

三是完善财税政策。建立完善的促进战略性新兴产业企业发展的税收优惠政策；税收政策上，提供折旧延期纳税、提取风险准备金、投资额按比例抵扣应纳税等税收优惠政策；实施绿色通道，简化财政审批程序。

专栏2

采取政府与社会募集方式共同筹建设立"新疆公共安全信息产业发展基金",采用无偿资助、以奖代补、贷款贴息等方式,重点对园区建设、重大产业和科技专项、产业化服务等项目予以支持。加大对企业研究与开发、产业化、技术改造的财政资金投入力度,对公共安全企业按企业研究与开发投入额的一定比例给予财政补贴。采取政府采购的形式购买公共安全信息技术服务。凡属于公共安全产业固定资产投资的项目,前期费用予以补助。投资总额过亿元或经济带动力强、科技含量高的新建公共安全产业项目,以及跨国、跨省、跨市公共安全产业企业将总部、生产基地及研发中心入驻新疆的公共安全产业项目,所得税除享受国家减免优惠政策外,在减半征税期间,企业缴纳的所得税地方留成部分奖励给企业。

2. 打造企业创新新平台,引导技术创新与产业发展融合

一是支持国家工程(技术)研究中心、国家工程实验室、国家地方联合技术创新平台和企业技术中心建设,完善企业自主创新支撑平台;支持行业龙头企业建立高水平研究院。

专栏3 成立新能源与公共安全信息研究院

一是以新疆新能源企业为龙头组建全球新能源技术虚拟研究院。由金风科技股份有限公司、新疆新能源(集团)有限责任公司等新疆新能源龙头企业牵头,组建全球新能源技术虚拟研究院。在研究院的基础上,探索龙头企业与高校、科研机构合作新机制,共建产学研战略联盟。鼓励在境外收购研发型中小企业,成为捕捉全球技术动态的前哨和全球技术合作的窗口,推动与国际实验室检测和认证体系互认,推进新能源装备企业研发全球化布局及产业国际化发展;围绕产业发展提供规划、路线图、标准,以及基础性、前瞻性、共性的技术研发和服务;牵头组织建立研发、设计、检测、标准等数据平台,开展基础前沿技术、关键共性、重大战略装备等协同创新;开展研发设计、科技服务、检验检测、信息服务等公共技术服务;推动关键共性技术及重大关键装备研发及产业化。

二是大力培育和引进骨干企业,规划成立公共安全信息产业园和公共安全信息技术研究院,大力发展公共安全信息技术。加快引进一批国内公共安全技术领域龙头企业,鼓励支持相关高校、科研院所等单位的科技人员携带具有国内领先水平且市场前景广阔的科技成果,来新疆创办公共安全企业,积极培育

> 和壮大企业主体，夯实产业发展基础。在新疆乌鲁木齐创新试验区中央核心区内规划建设新疆公共安全信息产业园，建设公共安全技术研究院、公共安全专业技术孵化器、公共安全产业工程技术中心、公共安全产品展示中心，形成完善的公共安全产业发展综合服务体系。新疆维吾尔自治区人民政府联合国内一流的公共安全技术研究机构在新疆组建公共安全信息产业园，围绕国家公共安全重大需求，瞄准世界公共安全科技前沿，集聚多方优势资源，重点开展反恐安全信息技术、公共安全安防信息技术、网络舆情监控与信息安全技术等领域基础研究、应用技术开发与系统集成以及公共安全战略和技术路线研发。

二是以乌鲁木齐高新技术产业开发区（简称高新区）为重点加强园区建设，推动新兴产业加快集聚。要在新疆各地的高新区依据产业的特点设定功能区，逐步形成新兴产业的特色优势，进而形成新兴产业的集约化；以各类科技创业园区为基础，形成新兴产业的广泛企业群体。加大对乌鲁木齐高新区百花村软件园、新疆大学科技园、高新产业园等科技企业孵化器的前期投入，将其作为培育高科技企业和新兴产业的摇篮。

3. 培养与引进并重，为新兴产业发展提供有力人才支撑

重点建设"四支队伍"。一是科技型企业家人才。实施"创新培训工程"，帮助企业家掌握创新思维和创新方法，热心技术创新。二是高层次领军人才。通过引进一个领军人才，发展一个高科技企业，进而带动一个新兴产业成长。三是扶持基层年轻科研人才。继续发挥"创业园"的作用，实施"企业博士创新计划"，资助在生产一线的博士和博士后开展技术创新研究，争取培育一大批年纪轻、素质高、适应未来高技术新兴产业发展需要的企业技术带头人。四是高技能人才。集中疆内高等学校和科研单位，建立高级技能实训基地，大力培训高技能人才。

4. 营造开放创新环境，加强国内、国际之间的合作

在全球生产网络和全球创新网络中，发展产业必须充分利用全球范围内的创新资源和生产资源，利用国际化关系、外部的创新资源提高自己的创新能力和开发能力。应充分利用中央各部门和各省对口援疆基础上已经形成的良好的经济技术互动的态势，本着"政府主导、市场导向、多方合作、互利共赢"工作机制，加强资源、市场、技术和资本的良好组合，加大新疆战略性新兴产业与内地的协作与互动；充分利用新疆与周边国家已经形成的合作基础，加强与周边国家产业的互补合作。

二、国际商贸创新

(一) 新疆国际商贸发展面临的制约因素

1. 边贸市场发展面临困境

新疆边境贸易始于20世纪50年代，改革开放以来，逐步成为新疆经济发展的支柱。但是由于国内外贸易政策、贸易环境、人才、交通、信息流动程度等问题，新疆边贸市场的发展不尽如人意，具体说来主要存在以下问题。

一是周边国家贸易政策的改变不利于新疆边贸。周边国家尤其是中亚国家正处于向市场经济转轨阶段，其对外政策和法律法规往往缺乏一致性和连贯性，一定程度上影响了新疆边境贸易的正常发展。而其贸易往来的增加以及贸易政策改变导致的物流、税收成本上升减少了对中国边贸产品的需求。

二是通关物流不畅，壁垒增加。通关成本高、速度慢、程序烦琐、标准不统一，加大了企业的时间成本和交易成本。

三是贸易地缘优势被分化。随着渝新欧、郑新欧等国际班列的开通，新疆落地签的放开，中亚客商有充裕时间与内地发展贸易，部分城市相应得到发展，而新疆没有太多优势产品，并没有搭上国际班列的快车，仅仅成为通道，如以前对边贸额有所贡献的旅游购物也转移到了义乌等地，不利于新疆当地的经济发展。

四是配套设施落后限制边贸发展。新疆配套设施落后，内地很少有企业在新疆建立组装厂；而新疆已有商家分散、规模较小，厂家还是要从内地购货。

五是电子商务受多方因素制约。电子商务逐渐成为潮流，有助于深入了解贸易伙伴国的市场信息，使企业根据市场需求调整商品结构，为企业出口提供良好的信息资源环境。目前，新疆与周边国家普遍存在电信基础设施滞后、网民分布不均、缺乏专业的信息技术人才等问题。

2. 口岸基础设施及管理体制不完善

口岸提供场所，贸易商创造价值。新疆拥有经国务院和新疆维吾尔自治区人民政府批准的一类口岸17个，二类口岸12个；但大部分口岸仍存在设施等方面的问题，货物通关成本高、速度慢、通而不畅，严重制约了发展，主要问题如下。

一是基础设施落后。由于资金投入不够，地方和国家在口岸建设上利益阶段不同，有些建设缺乏质量保障，具体表现为铁路运输车次较少，公路路面损坏异常严重，以及航班和航线的数量不足、安检时间过长、运输货物的量受到限制等，远远不能满足新疆发展的需求。

二是部门建设不同步，政策不配套，效率低下，没有统一标准，无法完成"三互""单一出口"的落地。

三是各国交通管制方式不同。陆陆边境和港口不同，还涉及与之对接的另一个国家的政策，双方海关间合作进展程度不同导致发展不平衡、双方海关间的合作仍停留于形式、不注重务实等现象的存在，如北京—哈尔滨铁轨轨距不一致降低了营运效率。

3. 产业层面的问题限制了商贸的进一步发展

在产业层面上，新疆能源、钢铁等重化工产能超过全国平均水平，供需严重失衡，导致同质化竞争白热化。此外，新疆产业大部分处于低端附加值环节，从产业政策制定方面，缺乏足够的出口配套补贴，严重阻碍了国际商贸的进一步发展。第三产业方面，新疆未充分发挥地域优势，旅游业带动商贸的发展不足。

（二）新疆创新国际商贸发展模式的方向

面对当前国内外经济发展的新形势以及不断深化的中央全面深化改革和"一带一路"倡议，新疆迎来了商贸体制机制改革创新的契机。上海、义乌等商贸改革创新实践证明，改革创新能激发活力，释放红利。因此，鉴于商贸体制机制改革创新的重要性，新疆当前可以从以下几个方面着重落实。

1. 以对外开放促进创新发展的体制机制改革

为了实现全方位对外开放，进一步加大新疆对外开放程度，应充分借助"一带一路"倡议的契机，在国家第三批自贸区中设立新疆自贸区。上海自贸区仅运行8个月，就取得了堪比其前身上海综合保税区20余年的成绩，因此应以建立新疆自贸区为依托推动新疆商贸体制机制改革，建议在乌鲁木齐、霍尔果斯、喀什、阿拉山口等地建立自贸园，形成以便捷的口岸和跨境交通为依托，辐射亚欧国家的向西开放新格局，以一区多园模式，对过去以政府审批为主的管理模式进行颠覆性创新，建立行政咨询体系，实现审管分离、审批归口。

深化行政管理体制改革，加快转变政府职能，提高对外开放水平。通过改革创新政府管理方式，建立起综合管理机制，深化扩权改革，实现简政放权。按照国际化、法治化的要求，积极探索建立与国际高标准投资和贸易规则体系相适应的行政管理体系，推进政府管理由注重事先审批转为注重事中、事后监管。优化出入境、检验检疫、邮政、贸易促进委员会等机构结构设置，进一步加强涉外服务管理能力。加快搭建能够实现商贸、海关、检验检疫、外汇管理等涵盖全方位一体化商贸管理功能的信息系统。出台商品标准认定、风险防范、征信管理等配套政策。建立一口受理、综合审批和高效运作的服务模式，完善信息网络平台，实现不同部门的协同管理机制。建立行业信息跟踪、监管和归集的综合性评估机制。

扩大投资领域的开放。一方面探索建立负面清单管理模式，借鉴国际通行规则，对外商投资试行准入前国民待遇，研究制订试验区外商投资与国民待遇等不符的负面清单，改革外商投资管理模式。另一方面扩大服务业开放，选择金融服务、航运服务、商贸服务、专业服务、文化服务以及社会服务领域扩大开放，营造有利于各类投资者平等准入的市场环境。以负面清单和扩大服务业开放为主要抓手，推动打造面向中西南亚国家及上合组织成员国的国际产业合作园区，承接东部产业转移，推动形成对外开放和丝路经济带核心区建设的开放新高地，形成资金在高端制造业和服务业的产业集聚效应和规模效应，形成与自主创新示范区政策相叠加的创新机制。

进一步推进以贸易便利化为重点的贸易监管制度、以资本项目可兑换和金融服务开放为目标的金融创新制度，坚持对口援疆的战略，加强对口支援项目的规模、力度和实施，充分利用东部发达省市资源和先进经验，在试验区推广喀什和霍尔果斯两个特殊经济开发区的发展模式。

2. 形成创新国际商贸发展模式的政策支撑体系

为进一步发展新疆对外商贸，国家应推动建立与新疆经济特点相适应的政策支持体系，明确定位边境贸易政策的地位，确保边贸政策的稳定性、长期性和适用性。充分调动新疆各级政府的积极性，加强其对边贸市场的宏观调控和引导，为贸易提供便利。具体如下。

进一步加强新疆海关与周边国家海关间的合作与交流。在发展对外商贸中，应始终坚持平等、互惠的原则，为各国海关联合监管提供平等、顺畅、便捷的沟通平台；扩大各国海关合作的领域，加大推进双边及多边海关间的信息互换和执法互助能力，不断加强各国海关间的联合监管能力，努力形成有效的信息沟通、决策协调机制。充分发挥新疆"桥头堡"的作用，加强与边贸伙伴的合作交流，建立合作磋商机制，降低边贸壁垒，促进边境贸易的快速发展。

创新电子商务发展管理模式。建设第三方电子商务服务平台，争取开展非金融机构支付业务，建设海量数据存储和处理中心，同时加快建设全国性物流节点城市和综合交通运输体系，将乌鲁木齐纳入国家交通总体战略通盘考虑，加快国际物流园区、国内物流园区、铁路物流中心、空港物流中心等场站建设。

推动新疆国际商贸转型升级。鼓励发展一般贸易，加大对新疆自主品牌、自主创新产品的出口支持力度，摒弃以往过分看重地下资源开发的思维，发挥新疆自身优势，设立科学的产业布局，为创新产品提供相应税收优惠；加大对高校的投入，提高教育水平，推动以企业为主体、以市场为导向的产学研体系。积极培育贸易新型业态和功能，形成以技术、品牌、质量、服务为核心的外贸竞争新优势，加快确立"市场采购"新型贸易方式，确立以公平市场主体、商品归类管理、责任追溯追究为主要内容，以"管得住、通得快"为主要特征的新型贸易方式。

3. 提高新疆投资贸易便利化水平

新疆对外贸易的开展很大程度上受到投资贸易政策的制约，为进一步推动国际商贸的开展，需要提高贸易便利化水平。具体如下。

应进一步提升政策法规透明度。完善体现投资者参与、符合国际规则的信息公开机制，完善投资者权益有效保障机制，实现各类投资主体的公平竞争。

积极推进新疆国际商贸监管制度创新。在新疆综合保税区内的海关特殊监管区域深化"一线放开""二线安全高效管住"的贸易便利化改革，推进海关特殊监管区域整合优化，加强口岸监管部门联动，规范并公布通关作业时限，鼓励企业参与"自主报税、自助通关、自动审放、重点稽核"等监管制度创新试点。

推进新疆国际商贸"单一窗口"建设。完善新疆国际贸易"单一窗口"的货物进出口和运输工具进出境的应用功能，进一步优化口岸监管执法流程和通关流程，实现贸易许可、支付结算、资质登记等平台功能，将涉及贸易监管的部门逐步纳入"单一窗口"管理平台。统筹研究推进货物状态分类监管试点。按照管得住、成本和风险可控原则，规范政策，创新监管模式，在海关特殊监管区域统筹研究推进货物状态分类监管试点。

加强基础设施建设。完善物流体系建设，加快建立电子口岸信息平台，通过支持性边贸政策为商品提供良好通关环境。

三、文化旅游创新

（一）文化旅游创新在新疆创新驱动发展中的定位

文化旅游产业发展是丝绸之路经济带建设的优先领域。人文合作交流是丝绸之路经济带建设的优先工作领域，而旅游则是人文合作的先导。2015年是"美丽中国——丝绸之路旅游年"。以旅游产业带动丝绸之路经济带的人流、物流、资金流和信息流，有序推动丝绸之路经济带的"五通"和区域经济一体化发展。

文化旅游产业是新疆创新驱动的先导性产业。在秉承丝绸之路开放精神下，探索融入智慧旅游、安全旅游和文化旅游的旅游要素挖掘、旅游产品开发和旅游设施建设途径，创新旅游援疆模式和国际旅游合作方式，将为建设发展创新型新疆提供宝贵的国际合作、兵地共建、省部协同发展经验，为新疆实施创新驱动发展提供新平台、新样本。

文化旅游产业是新疆转型发展的有力抓手。在新疆保增长、促民生、创新驱动发展的背景下，文化旅游产业不但需要先行，而且是实现新疆转型发展的最佳突破点。将传统旅游业与导航、云计算、物联网等新技术结合，不仅有助于探索智慧旅游、安全旅游、文化旅游新模式，还有助于孵化和培育新技术，推动安全信息和信息技术发展；该平台建设不仅能够带动新疆旅游产业发展，并且可以推动商贸物流产业发展。

文化旅游产业是新疆保增长、聚人气、促民生的核心产业。文化旅游产业应该成为丝绸之路经济带核心区创新发展的引领型产业、先导型产业。因为新疆文化旅游产业更多的是承担连接内地、改善新疆外界形象、吸引和凝聚人气以及极大地解决就业的功能，所以应该予以强化，全面提升文化旅游产业在丝绸之路经济带核心区产业中的战略地位，并加大政策的支持力度。通过民生工程和文化交融促进乌鲁木齐经济社会发展和民族团结、边疆稳定，为推进跨越式发展和长治久安提供强有力外部动力。

（二）文化旅游创新重点建设领域

1."旅游+"产业体系创新发展

把创新驱动、转型发展贯穿落实到新疆文化旅游产业改革发展的过程中，提出特色文化创意产品、精品旅游景区、商贸旅游产品、医疗旅游、旅游会展等产业体系创新。

特色文化创意产品集群。充分发挥历史文化和民族文化资源优势，通过文化旅游创意产业发展解决民生问题，同时促进文化交流和融合。打造以文化、创意、动漫、娱乐为主体的跨行业、交互式发展新模式，逐步形成面向中西亚的国际文化创意产业集群。以"文化+科技""文化+时尚"为特色，以创意设计、动漫游戏、数字视听、新媒体、文化旅游、高端工艺美术等为重点行业，开拓出新疆文化旅游创意产业发展的独特路径。引进知名民族文化创意人才和先进文化创意公司，重点发展民间工艺创造、展示、摄影艺术、影视媒体、民俗节庆、艺术品拍卖等文化产业业态，建设具有商业性、娱乐性和游览性的创意商铺、创意办公楼等，最大限度地展示和传承创新新疆特色文化创意产业。同时，构建完整的创意文化产业链，实现多种方式、多个场所、多元模式的创意文化产业消费盈利。

跨境旅游商贸产业发展。探索新疆旅游产业创新服务基地商贸、物流等旅游要素的集聚与枢纽功能创新模式，形成联通中亚、西亚、欧洲各国的旅游经贸网络动线和集散中心服务网络，促成国内外游客通过新疆"西进东出"和"东进西出"的新格局。探索在乌鲁木齐、喀什等地开设国内游客免税购物中心，争取类似于海南、福建平潭等地区的免税政策支持，能够极大促进国内游客赴疆旅游。结合乌鲁木齐机场、高铁等交通枢纽的"东进西出、西进东出"集散功能，针对中亚等丝绸之路经济带沿线国家游客，配套相关签证等政策，打造便利化的"吃、住、行、游、购"功能。依托于霍尔果斯、乌鲁木齐、喀什的出口加工区，配套建设大型的面向中亚国家的商贸城，通过旅游商贸功能搭建内陆开放型旅游经济发展平台，为丝绸之路经济带沿线国家提供旅游产品展示、展览和贸易的平台，尤其为中亚游客购物游提供综合性、国际化和便利化的购物旅游市场，能够提升我国面向中亚市场的营销和拓展能力，最终促进沿线国家间的合作与交流，是实现民心、商品、货币相通的抓手。

建立国际医疗旅游服务平台。新疆通过建立标准化国际医疗旅游服务平台吸引中亚和更多地区的游客来疆进行以医疗为目的的旅游活动，把新疆打造成辐射中亚的一流医疗旅游目的地，是实现新疆旅游产业跨越式发展的又一重要机遇。针对丝绸之路经济带旅游医疗康复需求，依托优越的医疗卫生资源和疗养、养生设施，培育旅行社医疗旅游网络，开展面向中亚游客的国际医疗康复。同时，挖掘民医民方药优势和民族中医药特色，建设一批特色民族医疗基地，形成一批中医药健康旅游服务产品。在做好基本医疗服务的基础上，拓宽服务领域，面向丝绸之路经济带发展健康服务业，鼓励各大医院发展国际医疗，推动医疗旅游。同时，加强与周边国家在重大传染病防治领域的合作，探索建立重大传染病联防联控机制。

精品景区型吸引物的打造。按照世界遗产的标准加强新疆精品景区的保护管理与科学规划，保护精华景观的完整性。保护和传承地域文化的真实性，完善旅游服务功能与配套设施建设，提升旅游服务质量，打造世界级旅游精品景区。借鉴国家公园体系在管理体制、法律体系以及经营模式方面的经验，结合智慧旅游、自驾旅游产品开发，率先在全国开展新疆精品景区的国家公园体系创建，建设新疆国家公园体系的数字景区系统、环境监测中心、旅游自驾系统等。

2. 现代旅游服务业创新体系建设

建设面向中西南亚的智慧旅游信息系统。发挥新疆的区位、多语种和政策优势，面向中西南亚国际市场，把旅游信息服务作为新疆旅游公共服务升级的核心内容。基于物联网和云计算，整合文化旅游信息资源，加快形成面向中亚的智慧应用示范项目。承接中东部IT咨询、系统集成、外包及离岸信息服务产业转移，吸引云计算、物联网、北斗等特色企业集聚，形成云计算、动漫游戏、数字网络、创意设计与广告等产业集群。依托中国科学院新疆生态与地理研究所、新疆大学、新疆农业大学等科研院所与高等院校，培育和聚集信息、语言专业人才，形成新疆信息人才特区。加快"旅游信息化工程"建设，建立集旅游信息、旅游产品、宣传营销、调查评价、投诉管理、咨询服务、游客信息、意见反馈、电子商务于一体的新疆旅游综合服务信息平台，形成以旅游资讯网站为中心的在线旅游信息服务集群，以各类旅游咨询中心为基础的现场信息服务窗口和以旅游服务热线为基础的旅游信息声讯服务系统。形成基础设施建设发达、信息资源充分共享、智慧应用全面的整体格局。

推进国际旅游金融服务创新试点。通过金融产品创新，提升金融国际化服务水平，全方位促进新疆国际旅游投资、贸易、货币兑换、刷卡消费等便利化。推进外汇服务便利化，探索开展人民币离岸结算试点，改善国际金融结算环境。开展个人本外币兑换特许业务试点，完善外汇支付环境。在乌鲁木齐等核心城市打造国际金融机构聚集区、金融后台服务区，配备金融数据处理中心、银行卡业务中心、金融外包及离岸外移、研发与培训中心以及综合服务配套功能。营造丰富的涉外资源以及国际化的商务氛围，为入驻的外资金融机构和人才提供通信、网络以及高端物业等定制化国际服务，以融资和基金为主发展产业金融，促进融资、股权基金、创投基金、信用担保等金融服务企业发展。设立旅游产业投资基金，推动开展房地产投资信托基金试点。

完善国际化的宜居宜游公共服务体系配套。针对新疆的常住人口、外籍人口、外地游客等多元需求，建立兼顾游客，面向全体居民的公共服务体系。引入面向中西亚的多语种基础教育和综合教育院校，形成特色化全覆盖的教育网络。以大型文体服务设施为重点，提升人居环境品质。以公共医疗机构建设为重点，提高医疗服务质量。配套邮政、电信等基本公共服务功能，建立起多层次满足居民多样化需求的完善的社会公共服务设施体系，实现面向常住人口、外籍人口和外地游客的基本公共服务全覆盖。

"互联网+旅游"基础设施升级。新疆的旅游产业发展需要主动融入和服务"互联网+"战略，打造面向中西亚的旅游大数据中心和旅游互联网交易平台，构建国际区域旅游合作、国内区域旅游合作两大旅游圈层。搭建新疆在线旅行社体系，引进去哪儿网、同程、艺龙、在路上等知名在线旅游网站，鼓励传统旅游企业自主研发电商平台+渠道推广。打造新疆在线旅游企业第三方支付平台，拓宽移动支付在旅游业的普及应用，推动境外消费退税的便捷化。鼓励4A级及以上精品旅游景区信息化建设步伐，争取实现4A级景区智能导游、电子讲解、在线预订、信息推送、无线局域网等功能全覆盖。推动自驾游、自由行、目的地个性定制旅游产品的在线服务平台建设，助推新疆服务产品业态升级。

3. 丝路门户开放体系建设

发展新疆作为丝绸之路经济带核心区的旅游集散功能，使其真正成为面向中西亚、南亚、欧洲的丝绸之路国际旅游"门户港"、国内外旅游要素集聚地和新疆旅游的"始发站"。

培育丝绸之路经济带旅游集散门户。依托我国西部门户的区位优势和国家政策支持，挖掘乌鲁木齐、喀什两大国际机场，一类、二类口岸等口岸资源，进一步拓展中国通往中西亚、南亚、欧洲、非洲的国际通道，连接乌鲁木齐至东京、首尔等地，以及新加坡、马来西亚等国的国际和地区航线，形成以新疆为核心，辐射欧亚大陆各大枢纽中心城市，贯通丝绸之路经济带沿线国家和地区的国际航空枢纽网络，最大范围可将欧盟27国，中亚5国以及亚欧18个国家和地区纳入其中。相关政策支持包括增加民航可用空域；开放新疆与中亚及欧洲之间的第五航权，允许过境航班在乌鲁木齐、喀什国际机场落地、过客、过货，借助国内外航空公司的航空运输网；促进新疆与周边国家乃至西亚、中东和欧洲大陆国家间航空运输业务的增长，积极推动中亚地区天空一体化；进一步增加乌鲁木齐与喀什之间的航班频次；在南疆建立库尔勒、库车、阿克苏、喀什、和田、且末6个支线机场之间的闭环航线，在北疆建立阿勒泰、塔城、克拉玛依、石河子空中运输走廊。

高质量推进旅游集散门户建设。高质量推进国际旅游集散地和目的地建设，将新疆建设成我国西部地区与中西亚、南亚、欧洲地区客源流、资金流、信息流交融的门户。整合乌鲁木齐、新疆乃至中西部地区优质旅游资源和旅游设施，统筹开发自驾游、团队游、散客游、休闲度假游、商贸旅游等多种旅游产品，形成旅行社、旅游商务等旅游要素的集聚地，构建丝绸之路经济带核心区旅游集散中心体系。以乌鲁木齐丝绸之路经济带旅游集散中心为核心，挖掘与伊犁、昌吉、喀什、阿勒泰等地区的文化旅游集散网络，带动丝绸之路旅游的大发展。围绕高铁核心枢纽，集成高铁、航运、客运、自驾等多种交通方式，形成航空、公路、铁路高效衔接、互动发展的联运格局。统筹全疆旅游资源、旅游要素和旅游企业，配套旅游服务、信息枢纽、交通集散、商务贸易、生活服务、景观环境等功能，形成特色浓郁、强吸引力、辐射全疆，满足散客游、自助游和团体游等多种旅游方式的"吃、住、行、游、娱、购"综合旅游服务平台。

来疆人员便利化政策。在统筹考虑地缘安全的基础上，降低安全风险和兼顾入境需求，实行网上电子签证申请，在24小时内获得签证。通过在喀什、霍尔果斯等地设置跨境合作区，开拓与中西亚的旅游合作领域。实现与丝绸之路经济带沿线国家外交、公务签证互免，口岸落地签证，相互开放个人申办出境旅游签证的业务。促进丝绸之路经济带沿线国家交流，参照欧洲申根签证的管理办法，实行"一签多行"。对于国内中远距离游客，国家财政给予客源增长补贴和奖励政策，大力发展旅游包机、旅游专列、自驾旅游入疆，掀起"送客入疆"的新热潮。

4. 构建新疆旅游安全网络体系

大力发展新疆旅游安全网络体系，使其成为保安全、维稳定、促民生的新疆旅游安全港。

建立全疆旅游安全监控网络。建立丝绸之路经济带旅游安保与应急指挥中心，通过全方位、全天候、高清化、智能化的视频监控系统，实现航空、铁路、公路、休息服务站、宾馆酒店、购物中心、娱乐场所、景区、人流集中区域、停车场、部分社区等地的实时监控。基于卫星的定位、导航、授时、通信等功能，实现游客、旅游车辆定位导航功能，为指挥调度、车辆管理、出行服务、运行监控等方面提供管理和服务，全面提升旅游信息化服务水平，满足游客安全出行的需求。加大旅游安保网络的财政支持力度。

旅游安全管理信息平台及服务管理。建立旅游安全管理信息平台，全天候的北斗卫星旅游定位相伴，通过集旅游集散网络、丝路驿站和旅游小镇于一体的旅游安全空间载体，实现在疆游客数量统计、景点景区、行程安排等信息的查询。对遇到危险和困难的游客，通过信息平台，第一时间获取事发当地的游客人数、住宿酒店、行程安排，及时联络组团旅行社，确认游客安全状况，及时提供帮助；在需要时及时联络航空公司，安排游客返回，通过平台向媒体发布所有信息，向游客家属报平安，创造一个值得信任和具有安全感的旅游环境氛围。

应用北斗卫星通信定位技术、地理信息系统、4G/5G通信技术以及计算机技术等对旅游团队导游及游客进行定位监控以及信息推送，为各级旅游管理部门提供必要的基础信息以及有效的管理手段。依靠声呐传感技术、人像识别技术和RFID技术对景点人群走向进行实时监测的评估，实现景区安防、人员调度、游客疏导等综合性管理功能。为游客提供前往景区的调度指引和安全预警信息，为各旅游管理部门提供指挥调度措施。

旅游目的地安全系统和预警突发事件处理平台。以"安全旅游目的地"为目标，强化旅游安全和危机管理，建设完善安全救援设施和项目。以科技应用和手段创新为突破，以旅游安全风险防范为重点，建立旅游专业气象、地质灾害、生态环境、交通状况等监测和预报预警系统。严格执行安全事故报告制度和重大责任追究制度，以旅游交通、旅游设施、旅游餐饮安全为重点，严格安全标准，加强安全检查，落实安全责任，消除安全隐患。

建立健全旅游安全预警和突发事件应急处置机制，加强旅游目的地安全风险评估、旅游应急处置、旅游保险等重点工作，完善旅游安全保险体系。整合110、119、120热线等应急救援资源，结合北斗卫星的位置服务、高分卫星的清晰成像、通信卫星的语音与图像传输、遥感卫星的图像采集等功能，建立点对点、点对面的安全预警快速处理集成应用平台，以最快速度应对威胁旅游安全的灾害，实现统一接警、统一指挥、联合行动、快速反应，为游客提供更加便捷的紧急救援及相关服务。

建立跨国旅游安全合作机制。为避免丝绸之路经济带的合作与发展受到国际恐怖主义、分裂主义和极端主义的影响，借助上海合作组织、欧亚经济共同体等经济组织，建立丝绸之路沿线各国间的旅游安全合作机制和应急协调机制，制定应急处置预案和紧急救援措施，保障国际旅游者的安全，创造丝绸之路无障碍旅游条件。与俄罗斯、中亚国家等建立信息沟通、紧急磋商及应急协作工作机制，每年定期召开丝绸之路经济带旅游安全协调领导小组会议。

5. 政策建议

结合新疆实际情况，探索物联网、云计算等高科技创新手段支持下的政府创新管理机制和旅游服务运营支持体系。提出新疆旅游人才体系、旅游融资机制、旅游援疆体制和国际旅游协作的创新策略，进一步创新新疆旅游产业创新服务中心综合协调机制，围绕区域合作和社会发展大局谋划新疆旅游业创新发展的新思路、新举措。

新疆文化旅游产业创新综合协调机制。加强旅游综合协调职能。旅游规划、旅游资源开发、旅游市场监管、旅游安全、旅游交通、航权开放、免税免签以及发展旅游新业态等工作由自治区文化和旅游厅组织专题调研，提出目标和决策措施。进一步转变政府职能，深化改革，建立健全政府引导、行业自律、企业依法自主经营的旅游管理体制和运行机制。加强旅游立法工作，完善旅游相关法规。依托信息技术，提升新疆旅游管理和服务水平。

新疆人才机制。设立丝绸之路旅游科研、教育、培训专项基金，争取丝绸之路经济带旅游科研机构、非政府组织（Non-Governmental Organization，NGO）的进驻。实行人才培训奖励机制，由新疆认定的培训机构和高校人才培养基地培养的各专业人才均可享受培训补助。吸引国际知名旅游院校来新疆合作举办旅游院校，引进优质旅游教育资源，建设新疆特色文化旅游人才培训基地。加强对各类人才的引进，建立文化旅游人才激励政策，包含企业股权和分红激励试点改革、支持自主创新税收试点改革等核心政策。出台落户、住房等优惠政策，吸引和留住高层次的各类经营管理和专业人才。

旅游资金和土地政策。加大多种形式的融资授信支持，旅游服务企业、旅游项目可享受中小企业贷款优惠政策。投资大、建设期长的旅游项目可享受延长贷款期限、贴息补助政策。进一步完善旅游企业融资担保等信用体系，加大对旅游企业、旅游项目的担保力度。推动发展以银行为主体的小额支付"一卡通"业务。支持符合条件的旅游企业上市融资或发行企业债券。

旅游土地优惠政策。对符合国家产业政策和供地政策的重大旅游产业项目，在土地利用规模、结构、布局和时序上给予支持。根据旅游业发展特点，落实土地差别化政策，加大土地利用年度计划指标倾斜力度，适当增加年度新增建设用地总量和占用未利用地指标。针对纳入新疆文化旅游建设发展规划的重点旅游项目用地，可享有优先支持权，可简化用地预审、土地征收、农用地专用审批手续。针对旅游服务企业、旅游项目，可享受适当土地出让金回补和拆迁补偿资金优惠政策。

创新旅游援疆机制。成立旅游援疆综合统筹机制，鼓励和支持有条件的援疆省市设立新疆旅游办事处，统筹安排各地区、各部门的援疆资金和项目。推进旅游产业援疆项目，帮助受援地开展旅游系列品牌创建、旅游目的地建设、旅游新业态打造等工作。深化客源援疆，研究制定客源奖励政策，发展自驾旅游、旅游包机、旅游专列等。

强化人才援疆，鼓励各地与受援地相关部门联合举办高层次旅游管理人员、旅游特色商品开发、旅游信息化建设等相关培训班，重点加强新疆中青年旅游人才培养。

第三节　创新要素规划

一、人才特区建设

（一）新疆在创新人才建设方面的突出问题

一是人才培养的教育体系不健全。高等院校数量少，特别是缺乏工程技术类高等院校，地方高校经费投入严重不足，教师队伍建设落后。

二是人才结构不合理，人才特别是高素质、专业化和创新型工程技术人才缺乏。现有疆内大专院校毕业生，难以匹配企业转型发展阶段新的人才需求。近年来，援疆干部仍偏重各级组织的领导班子配置，很少涉及专业人才和技术骨干。高精尖人才集中在中央所属研究院所，研究院所领军型人才匮乏，企业高技能人才严重缺乏。

同时，与现代产业发展需求一致且具有一定技能的产业工人不足。

三是人才流失特别是高端人才流失严重。由于新疆经济发展水平不高，人才待遇普遍偏低，配套措施不健全，必要的激励机制缺乏，加之人才引进政策倾斜力度不大，吸引人才的各种政策制度安排尚未有明显突破，人才流失严重。

四是人才成长环境欠佳。全社会尊重人才的氛围不够，政府研发投入不足；大多数企业缺乏创新意识和研发投入。

（二）人才特区建设的基本思路及路径

1. 基本思路

坚持人才为先，把人才作为创新的第一资源。人才短缺和人才流失问题是制约新疆创新驱动发展的重要短板要素，仅仅依靠本地现有人才资源难以满足创新驱动发展的需求。因此，试验区人才队伍建设必须坚持"培养人才与引进人才并重，依靠本地人才与用好区外人才并重"的基本原则，建立与特殊区位和特殊环境相适应的更加优惠的人才政策，创新人才培养模式和人才激励机制，创建适应人才发展的良好环境，补足短板，加速创新驱动发展试验区人才队伍建设。

2. 人才特区建设的主要路径

新疆人才特区建设需要从如何培养创新型人才，如何留住本土人才，如何吸引疆外人才来疆工作，以及如何利用好区外人才入手设计人才特区建设的路径。

1) 创新人才培养模式

一是创业人才队伍建设。利用新疆大学科技园，建立高校大学生创业园（或创客驿站），为大学生创业提供场地支持。建立大学生创业引导基金，通过与企业联合开展各种形式的创意竞赛，遴选创业投资项目，对赛事优胜者成果的转化，以企业为主体投资，政府予以补贴支持。通过打造"众创空间"，优化创业环境、培育创业氛围。支持学生以创业的方式实现就业，凡到大学生创业园创业的学生，给予房租减免和免费创业指导，培养创业人才队伍和创新型企业家队伍。

二是科研人才队伍建设。与东部高校联合建立适应新疆产业发展需求的工科大学，解决当地经济发展急需的工程技术人才问题。支持中国科学院相关研究所在新疆设立分支科研机构，由中国科学院与自治区政府联建，人员管理及待遇与上级研究单位一致，人员编制由地方解决，培养高水平科研人才队伍。选派青年科技骨干到内地高等院校和科研机构进修和培训、参与科技援疆项目研究。扩大内地高校支援新疆协作计划招生规模。

三是以企业为主体的工程技术人才队伍建设。产学研结合。依托重大科研项目、建设工程和重点基地，推广以企业为主体、校企联合的培养模式，实施高校与企业联合培养研究生、本科生计划，培养造就掌握关键核心技术的工程技术人才。鼓励企业与内地高水平大学合作，在企业设立博士后工作站、院士工作站、国家工程中心、工程实验室、研发中心等，发挥企业在人才培养中的作用，推动科技人才向企业集聚。

四是实用技术人才培养。与内地高校联合，开展新疆籍未就业大学生定向培养。利用东部职业学校资源，鼓励企业与疆内外职业院校联合办学，开展职业教育，更加重视少数民族人才培养，加快蓝领技术工人培养和农村实用人才培养。

2）强化人才激励机制

破除利益分配的体制障碍，让科技人员在创新中获得应得的财富收益（股权试点激励政策）——创新分配机制。

一是推进科研人员股权和分红激励机制的实施，鼓励各类企业通过股权、期权、分红等激励方式，调动科研人员创新积极性。对高等学校和科研院所等事业单位以科技成果作价入股的企业，放宽股权奖励、股权出售对企业设立年限和盈利水平的限制。对在创新中做出突出贡献的科技人员（包括科技成果的主要完成人，重大开发项目的负责人，对主导产品或者核心技术、工艺流程做出重大创新或者改进的主要技术人员，以及高等院校和科研院所研究开发和向企业转移转化科技成果的主要技术人员等）给予一定额度的股权（即无偿授予激励对象一定份额的股权或一定数量的股份）和分红激励（即以科技成果实施产业化、对外转让、合作转化、作价入股形成的净收益为标的，采取项目收益分成方式对激励对象实施的激励行为）。高等院校和科研院所经批准以科技成果向企业作价入股，可以按科技成果评估作价金额的20%以上但不高于30%的比例折算为股权奖励给有关技术人员。高等院校、科研院所以及高新技术企业和科技型中小企业科研人员通过科技成果转化取得股权奖励收入时，可暂不缴纳个人所得税。

二是在科研成果转化中，给予科技人员更多的利益回报，提高科研人员成果转化收益比例。开展科技成果使用权、处置权、收益权"三权"改革，在利用财政资金设立的高等学校和科研院所中，将职务发明成果转让收益在重要贡献人员、所属单位之间合理分配，允许高校、科研院所将科技成果转化收益的绝大部分奖励给从事该成果研发与转化的科技人员团队。科研机构可以提取70%及以上的转化所得收益，划归奖励给科技成果完成人以及对科技成果转化做出重要贡献的人员。允许科研人员以知识产权抵押贷款，实现成果转化。

三是完善创新创业人才奖励制度，建立以政府奖励为导向、用人单位奖励为主体、社会力量奖励为补充的多元化人才奖励机制。给予引进人才奖励资金支持，采取股权形式奖励、投资公司运营、合同签约管理的方式运作。对入选试验区的高端领军人才，一次性给予100万元的奖励。对以科技成果作价入股企业的人才，自入股企业开始分配利润的年度起，在3~5年内，每年从当年投资收益中，提取不低于5%但不高于30%用于激励。取消项目预算中用于人才经费的研制比例。

3）创新完善人才评价机制，突出贡献导向

一是规范和完善专业技术职务聘任和岗位聘用制度，扩大用人单位自主权，突出用人单位评价主体作用，实行职称评定向企业特殊人才和基层一线科技人才倾斜。

二是完善人才评价标准，加快实现人才评价从一元向多元标准转变，从重学历资历向重能力业绩转变，改变片面将论文数量、项目和经费数量、专利数量等与科研人员评价和晋升直接挂钩的做法。建立以科研能力和创新成果等为导向的科技人才评价标准，注重创新业绩和实际贡献，完善科研人员职称评定标准和依据，对于科技人员从事科技创业、成果转化等活动取得的业绩，可作为申报专业技术资格的条件，在职称评定和职务晋升上给予政策倾斜。

三是提高人才生活待遇水平。提高在新疆工作人员的工资待遇水平，试点实行边疆工作特殊津贴政策，用待遇优势补偿其他劣势。对引进的高尖端人才，落实住房补贴、集资建房等住房优惠政策。实施高技术人才成本价购房、优惠价租房政策。在医疗、子女入学方面给予特殊政策优惠。

3. 加强人才交流合作，用好区外人才

一是增加援疆科技人员比例，支持创新人才到新疆工作，加快高素质人才队伍建设。逐步改善政府管理方式，提高管理水平。发挥援疆挂职干部的信息、资源优势，为企业搭桥，充分发挥其纽带和桥梁作用。加强对口援疆培训。与19个援疆省市一一对应进行人员培训和交流，包括干部培训和教师培训等。建立新疆基层干部对口支援培训班，培训干部和专业技术人才，县乡村三级干部赴对口援疆省市进行培训工作，加强干部交流，提高人才素质。

二是建立柔性人才引进机制。支持在新疆重点企业设立院士专家工作站、博士后工作站，吸引高层次人才来疆开展科技合作。企业通过高薪与内地人才合作，引进内地人才自由选择时间每年到企业工作3~5个月。加强企业与中央属科研院所的合作，在具体项目实施中，通过企业提出技术需求，科研院所提供解决方案，充分利用科研院所现有的科研资源。中央属科研院所参与企业创新活动，国家给予奖励性资金补助。

三是依托"西部之光""国家高技能人才培训工程""少数民族科技人才特殊培养计划"等人才培养计划和活动，推动各项国家层面的人才工程或人才计划向新疆倾斜，加大对新疆创新型科技人才队伍建设的支持力度，推进科技创新人才和创新团队建设。加大中国科学院"西部之光新疆人才"特别支持计划，开展新疆紧缺高层次科技人才的引进和培养工作。

四是支持高层次人才团队在新疆创业。鼓励疆内外高校、科研院所和企业的科研人员自带项目和科研成果在新疆开展创新和创业。对来疆创业的高层次科技人员，除保留其原单位公职和基本待遇之外，凡在新疆进行科技成果转化的，按技术交易合同实际到账额给予10%的补助；对在新疆创业的高层次人才团队，政府给予一定的贷款优惠或资金投入补贴。

4. 打造人才成长平台

一是依托各类开发区、高新区、大学科技园等各类创新园区，建设科技企业孵化器、高校学生科技创业实习基地等科技创业基地，拓展人才创业平台。

二是建设一批重点实验室、工程技术研究中心和工程研究中心、工程实验室、企业技术创新中心等研发平台，为创新人才搭建技术创新平台。

三是企业与高校、研究所等共建产业技术研究院，组建产业技术联盟，为高端人才提供成果转化平台。与援疆省市联合在新疆设立各具特色的科技合作基地，实现援疆省市创新成果与新疆特色产业发展对接，主动承接援疆省份科技创新的溢出效应。

四是搭建人才服务平台。以专业化、个性化、精细化、多样化需求为出发点，建立人保、组织、税务、住房等多部门一站式服务专窗，简化办事手续，开展咨询、知识产权代理、税务代理等专项服务。开发建设创新创业人才管理服务平台，充分利用互联网技术，统筹线上线下服务。成立行业协会，服务人才专业技术、市场等信息交流。

5. 健全人才服务体系

一是优化人才环境，创新人才保障机制。把人才发展纳入自治区经济社会发展规划的总体布局，在提出发展目标的同时考虑人才需求，在制定工作规划的同时考虑人才保证，在制定政策措施的同时考虑人才导向。强化人才工作目标责任制，提高各级领导班子综合考核中人才工作专项考核权重。加大人才发展投入，大幅度增加人力资本投资比例。营造尊重劳动、尊重知识、尊重人才、尊重创造的社会氛围。

二是完善人才政策的落实机制。由自治区创新试验区人才工作组牵头，发挥创新试验区平台的职能优势，完善人才引进及落户、签证办理、医疗服务、社会保险接续等政策落实的环节，以及安全政策反馈机制、督办机制。推动人才公共租赁住房建设。

三是密切联系人才。通过经常性地深入企业调研访谈、召开座谈会等形式，了解人才的工作、思想状况，关注和协调解决好人才面临的困难、问题。建立对人才意见建议的征集和反馈机制，变被动服务为主动服务，提高政府服务效率。建立高端领军人才与知名企业家、创业投资家的定期交流机制，协调解决高端领军人才创办企业在发展中的经营管理、资本运作等关键问题。

四是提高人才工作信息化水平。以互联网思维和大数据手段，建设高端人才信息数据库，建立综合人才线上招聘、培训、素质测评、交流合作等功能的数据化平台，纳入自治区智慧城市建设工作格局中。

（三）政策建议

第一，参考国家自然科学基金地区类项目的设置，在科技部、教育部、农业农村部等设立的大项目中,适当向新疆科研人员申请的项目倾斜,向企业一线科研人员倾斜。

第二,在科技人员职称评定、项目经费管理上给予政策倾斜,如博士后出站到新疆工作,直接给予副高级职称,援疆科技人员职称提升一级,取消项目预算中用于人才经费的限制。

第三,建立人才特区财政扶持政策。将援疆资金的一定比例用于"人才引进专项资金",由试验区统筹管理。

第四,利用好《"十百千"人才工程暂行办法》《"天山火炬"之星评选奖励办法》《人才开发奖评选办法》等现有的高新区、开发区人才政策优势,在此基础上使创新试验区与高新区、开发区的人才政策形成叠加效应。

二、金融创新

提出以"科技金融+绿色金融+边贸金融+总部金融"四大金融创新战略,保障"丝绸之路经济带核心区创新发展试验区"建设。具体而言,创新科技金融,助力科技企业成长;倡导绿色金融,加大旅游产业投资;升级边贸金融,便利新疆边贸发展;打造总部金融,保障丝绸之路建设。

(一)创新科技金融,助力科技企业成长

新疆的中小型科技企业偏多,公司治理普遍不完善,加之本地信用担保、科技中介等机构偏少。其次,新疆小微企业总数只有全国的0.5%,没有VC、PE青睐的市场环境。2014年新疆股权投资总额仅位于全国各省(自治区、直辖市)第25名。此外,新疆的科技保险品种少,小企业主没有科技保险意识,导致市场发展低于全国水平。可以说,融资问题已经成为新疆科技企业发展的瓶颈。因此,通过科技金融创新以服务本地科技企业发展势在必行。

1. 健全科技企业传统的融资体系

一是促进银企对接,加大对银行债务融资工具的推介力度,指导科技企业充分利用银行市场平台。二是有效利用多层次资本市场,大力支持科技型企业上市和再融资。三是鼓励利用委托、信托、银行承兑汇票等表外融资工具,支持创新型企业、高新技术企业、科技型中小企业的发展。四是建立健全法律保障,吸引民间资本积极进入科技产业,出台激励VC、PE等机构在区内设立机构的政策。

2. 加快设立科技银行和科技支行

在现有商业性银行信贷体系之外,积极组建专注于服务丝绸之路经济带(包括新疆本地)科技创新产业的科技银行、科技支行。

方案一,创办丝绸之路科技银行,可以与模式成熟的外资银行合作设立合资银

行（如浦发硅谷银行模式），也可由新疆国资部门独资设立。

方案二，积极与上海市金融服务办公室、中国科学院国有资产经营有限责任公司交流，在乌鲁木齐成立"中国科技银行"第二总部或高级别分支机构。

方案三，由乌鲁木齐市金融工作领导小组办公室牵头，学习国际先进银行的运营模式和民营张江银行的筹办工作，探索设立服务乌鲁木齐高新区的民营科技银行，积极引入民资。

方案四，由银监部门牵头，鼓励新疆本地的部分下设科技支行，针对自有客户特点，设计专业化、多元化的科技信贷产品。

配套工作：在具体产品设计上，要覆盖科技企业全部生命周期，如针对创业期的小微企业，提供助业贷、一卡通等产品；针对成长初期的小企业，提供科技知识产权质押贷等业务；针对成长期或成熟期的中小企业，在提供信用贷、OTC股权质押贷、新三板股权质押贷等产品同时，提供新三板挂牌财务顾问、并购服务、OTC挂牌推荐等投行业务和投贷联动业务。

3. 探索"一站式"的新疆科技金融平台

积极借鉴以色列的科技金融体系建设和国内逐步成熟的"苏州模式"，即以银行为中心，以政府打造的产业环境和政策体系为基础，撬动更多资源加盟：加强与创投机构、保险机构、证券机构等合作，再结合会计师事务所、律师事务所、人力资源机构等科技金融中介机构的服务，进而整合成一个"银行主导+政府推动+保险担保+创投跟进+券商助力+中介配套"统一结合的科技金融服务平台。

4. 发展多层次的新疆科技产业基金

一是发挥现有政策性产业基金对科技企业的服务潜能，包括"中科援疆基金""援疆创新创业基金""科技风险投资专项资金"。

二是成立政府引导科技产业发展基金（或天使投资引导基金）。近年来，宁波、上海、山东、河南等地先后成立政策性的天使投资引导基金，杠杆效应可以达到5~10倍，对种子期和初创期的科技型小微企业帮助巨大。目前，新疆这个领域相对落后，建议成立区级、市级等不同层次的天使投资引导基金。在运行上，基金可以与天使投资机构、天使投资人、众创空间、大学科技园、科技企业孵化器等机构合作，共同投资企业和项目。

在设立方面，以河南为例，河南省财政厅、科技厅和中原证券股份有限公司（简称中原证券）共同设立基金，首期规模5亿元，河南省财政和中原证券各出资2.5亿元，后期视投资需求等情况再进行增资，资金由中原证券负责在市场上募集。

又如，安徽创业（风险）投资引导基金，最初由省级财政累计出资5亿元以上，然后分3年期参股3~5只创业风投基金，每只总规模4亿元（非政府资金在70%以上）。至2014年初，财政出资8亿元，引导18只创投基金，总规模57亿元。

5. 建立科技金融特色机构

一是探索建立知识产权交易所。截至2017年，新疆尚无本地的知识产权交易所。建议积极与国家知识产权局取得联系，借鉴武汉知识产权交易所等经验。在此基础上，探索开展知识产权证券化业务。通过建立类证券化交易系统，创新交易模式和产品设计，吸引社会大众参与知识产权交易，活跃交易市场，使知识产权证券化交易成为科技型中小企业新的融资手段。

二是成立新疆科技股权众筹交易平台（中心）。近年来，互联网金融蓬勃发展，日新月异。科技股权众筹具有受众广、风险分散以及门槛低的特征，非常适合为科技型企业融资，引入了科技成果科学化评价体系，为科技金融的科学化发展提供了多样化的选择（如北大创业众筹，是我国第一家科技成果转化类众筹平台）。

6. 加大科技保险业务创新

加大科技型小微企业主的管理知识培训，增强风险防范意识及其对科技保险重要性的认识程度。激励企业创新科技保险品种，加大研发责任保险、产品责任保险、专利保险、项目投资损失保险等品种力度，简化保险申购和审批流程。增加政府对科技保险的补贴力度，减小科技企业成本负担，为科技保险进一步推广奠定基础。目前，以合肥为例，按实际支出保费的50%予以补贴，此外，对获得省级以上专利奖的予以全额补贴。

7. 提高企业素质，改良科技金融生态

新疆的科技型小微企业要想吸引资金注入，需要建立真正意义上的现代企业制度，积极推进企业财会制度创新，提高经营管理水平，根据市场发展进一步规范自身的企业行为。要加大企业信用培育，使企业相关信息规范化、透明化。协调地方政府和金融机构共同开展以政策扶持、信用评价、融资对接、定期监测为主要内容的企业融资培育计划。同时，可以建立业内企业联保形式，降低金融机构信息成本，为科技与金融的产业联合奠定基础。

（二）倡导绿色金融，加大旅游业投资

旅游业和特色农业，是引领新疆可持续发展的两个重要产业。绿色金融强调支持生态环境的保护和建设，实现经济健康增长，其发展理念与旅游业、特色农业的发展理念不谋而合。但是，目前新疆绿色金融创新不够，服务相关行业的作用有限。①投资总额偏小。新疆旅游资源位居全国前列，但在2014年，全国旅游业投资总额为7053亿元，新疆仅占1/20。②旅游投资结构不合理。财政和政策性资金对旅游业前期投入明显不足，甚至低于民间投资。③旅游企业融资困难。新疆旅游企业实力偏弱，担保抵押较为困难，不受银行机构"青睐"。

1. 创新银行融资渠道

结合新疆金融发展的特征，重点引导政策性金融和开发性金融，加大旅游业总体开发力度。

增强旅游企业与商业银行的互动合作，减少市场信息不对称。旅游部门要主动推介旅游业发展重点投资领域，吸引银行参与旅游项目前期考察、总体规划与后期开发的全过程，探索建立旅游项目库和旅游企业信息查询系统，为银行与旅游企业之间加强沟通协作提供平台。

引导村镇银行、农村信用社等金融机构加大对新疆旅游农业的有效信贷投入。

2. 大力发展多层次资本市场融资

2015年7月，西域旅游登陆"新三板"成为"新疆旅游第一股"，而目前主板市场已有24家旅游股，明显落后于全国平均水平。因此，政府要扶持和鼓励旅游企业上市，弥补利用多层次资本市场的短板。

探索新疆旅游投资的资本化运作模式，搭建旅游投融资平台。建议新疆维吾尔自治区文化和旅游厅、新疆维吾尔自治区金融工作办公室牵头，搭建旅游项目与金融资本对接的平台系统，遴选并推介不同等级、类型的旅游项目，升级新疆旅游开发的资本运作模式。

3. 发展多种类型的旅游产业基金

一是政策性基金。以现有新疆旅游投融资管理公司为基础，有效利用文化和旅游部和新疆维吾尔自治区文化和旅游厅的资金安排，主导新疆旅游业基础设施建设。二是探索旅游业政府引导基金。形成政府和银行、企业共同出资旅游基金模式，继续加强旅游业基础设施投入。三是引导民间投资。以"谁投资、谁受益"为原则，鼓励新疆民营旅游产业基金设立，与政策性资金相互补充，对其合法、透明、有序进行政府监管。

三、着力培育新型创新单元

科研院所和生产企业属于不同体系，科研院所主要接受政府指令完成自己的任务，各自为政，部门分割，企业创新能力薄弱，缺乏具有自主知识产权的核心技术，企业不是研发投入和成果转化应用的主体，主体间协同创新能力弱，制约协同创新的体制机制障碍仍然存在。充分借鉴发达地区的创新驱动发展经验，需要着力培育新型的创新单元。这些新型创新单元在建设主体、管理、运营等方面创新体制机制，探索解决传统研发机构研究与商业化生产脱节的问题，使之逐步成长为推动新疆创新驱动、产业转型升级的"熊彼特动力"，成为破解科技与经济发展"两张皮"难题的新平台。

新型创新单元是指主要从事研发及其相关活动，投资主体多元化，建设模式国际化，运行机制市场化，管理制度现代化，科技研发、成果转化、创新创业与孵化育成相结合，产学研紧密结合的独立法人组织或虚拟研究单元。新型研发机构将是新疆区域创新体系的重要组成部分，是加快创新驱动发展的重要生力军。发达地区实践表明，新型创新单元是创新驱动发展先进生产力的代表，是推进产业转型升级和激发区域创新活力的重要力量。新型创新单元的最大特点是专注于产业价值链的前端和终端，也就是产品研发和市场推广环节。它依托经营平台，筹集研发经费，利用市场机制管理运行研发平台，研发活动围绕企业经营主业，聚焦于新的科学技术或新产品，研发团队强大并具有整合外部科技资源与市场资源的能力。新型创新单元运营的市场平台反映其企业属性，而研发平台反映其研究机构特点。因此，新型创新单元同时具有企业和研究机构两者的特点，是连接科技与经济的桥梁，本质上是充分发挥市场在配置资源上的决定性作用，使企业真正成为科技创新的主体，使创新链与产业链在企业内部高度融合，提高创新的效率和效益。

充分认识新型创新单元在创新驱动发展中的作用，切实加强组织领导，采取有效措施，加大扶持力度，加快培育发展新型创新单元。全面贯彻实施"创新驱动发展""大众创新、万众创业"总战略，以企业为主体，协同科研院所，以充分发挥协同创新作用为基本方向，围绕创新驱动发展试验区建设的基本目标，坚持政府引导、企业主体、协同创新、分类推进原则，不断完善新型创新单元的体制机制，形成以市场经济模式为基础，以虚拟研究院、行业技术联盟、属地化管理的中直研发中心、市场化的新型研发机构、现代科技园为主体，以其他组织形式为补充的多种模式的新型创新单元。

（一）以企业技术需求为导向，建设新疆创新发展产业技术虚拟研究院

按照"不求所有、不求所在、但求所用"的原则和"政府引导、市场运作、虚实结合"的思路，借助网络技术，以解决企业发展的现实技术需求为目标，以产学研合作科研项目为纽带，以院（校、科研院所）企对接为手段，以信息技术为支撑，建设分工合作、共建共享的虚拟研究网络协同平台，加快形成优势互补、资源共享的协同创新体系。建立开放、协同、分享、保护的机制，吸引疆内外高校、科研院所、科技服务机构和专家"入驻"虚拟研究院，广泛征集企业技术需求，开展技术难题招标和技术攻关合作，加快形成优势互补、资源共享的协同创新体系，推动更多区内外优秀科技成果与自治区企业对接，为新疆产业发展提供技术支撑。借助"院士天山南北行"等活动，组织境内外科研院所和高校、研究人员、研究设备，吸引国内外优势研发力量参与横向协作攻关，解决制约新疆产业发展的共性关键技术，形成集中资源、联合科研、优势互补、资源共享的协同创新长效机制。鼓励科技企业孵化器、高新园区、工业园区优先承接虚拟研究院的项目成果落地孵化、转化。

(二) 依托行业龙头企业，建立行业性产业技术创新战略联盟

产业技术联盟是市场经济国家实现关键技术突破的常见组织形式之一，通常是一种为了研究竞争前的基础性技术、关键共性技术而建立的合作组织。产业技术联盟指以企业为主体，联合大学、科研机构或其他组织机构，以企业的发展需求和各方的共同利益为基础，以提升产业技术创新能力为目标，以具有法律约束力的契约为保障，形成联合开发、优势互补、利益共享、风险共担的技术创新合作组织。以产业技术创新关键问题为导向、形成产业核心竞争力为目标，引导行业龙头企业，广泛吸纳科技型中小企业参与，按市场机制积极构建产业技术创新战略联盟。牵头建立企业间沟通平台，围绕龙头企业提供配套供求信息，发挥龙头企业雄厚的技术支持和强大的品牌优势，带动中小企业发展。鼓励龙头企业通过并购、参股、参与技术改造等方式，对其上游配套企业进行改造。努力建立完善的产业联盟体系，促进中小企业产业联盟形成，加强中小企业的技术交流与产业合作，降低中小企业技术开发、产品制造、市场销售成本，促进中小企业共同发展。以特变电工股份有限公司、金风科技股份有限公司等新能源企业为主体，构建新能源与装备制造产业技术创新战略联盟，以及清洁煤化工技术、现代农业技术、纺织技术、安防信息技术、民族医药服务技术等具备一定区域优势的产业建立行业技术创新战略联盟。

(三) 多方合作，共建市场化运营的新型研发机构

新型研发机构是以多主体的方式投资、多样化的模式组建、企业化的机制运作，以市场需求为导向，主要从事研发及其相关活动，投管分离、独立核算、自负盈亏的新型法人组织。与传统的科研机构相比较，新型研发机构在建设主体、运营主体、投入主体和产权共享主体上都有很大的不同。传统科研机构一般属于国有的事业单位，有固定人员编制和事业费，参照公务机关的体制机制管理，不作为市场竞争主体；而新型研发组织突破了传统科研机构的"计划"特色，更符合市场经济需求和产业发展需求。市场化运行的新型创新机构成为吸引创新人才、推动产学研结合、加快成果产业化的重要平台。因此，在新疆选择跨越式发展道路上，就创新驱动试验区建设，瞄准和充分借鉴华大基因等先进的经验和模式，充分结合疆内外各种资源，如民族生物医药技术等领域率先建设新型研发机构。

市场化运营的新型研发机构有两个显著特点。一是更加聚焦产业发展。新型研发机构在产生之初就紧紧围绕地方产业发展需求，通过产学研合作平台和合作机制，大力开展相关领域的技术研发和成果转化，为地方产业发展提供重要的技术支撑和服务。二是更加突出开放创新。突出的开放性创新模式是新型研发组织的共同特征，主要体现在人才上的广纳百川，在项目上的多方合作，在投资主体上的百花齐放，在管理机制上的灵活开放等。无论是以源头创新为任务的科研机构，还是服务产业发展的产业技术研究院，都形成了集聚国内外创新资源、产学研相结合的创新体系。

（四）对接中直大院大所，共建属地化管理的研发中心

新疆本地的创新资源少，创新能力弱。因此，在创新驱动试验区建设力量上，依托新疆自身力量的同时，要更多借助外力，出台更加有吸引力的重大政策，吸引以援疆省市为代表的疆外创新力量，尤其是中央直属的大院大所，开展部地、院地等多种形式的合作，提升新疆本地的创新技术水平和能力。借鉴已有的较为成功的中国科学院深圳先进技术研究院模式以及安徽循环经济技术工程院模式，充分借助科技援疆以及丝绸之路经济带核心区创新试验区建设机遇，通过加快体制机制创新，吸引中国科学院、科技部等协同创新模式，对接援助新疆科技发展，打造新疆属地化管理的研发中心。

中国科学院深圳先进技术研究院模式。2006年2月，中国科学院、深圳市人民政府及香港中文大学友好协商，在深圳共同建立中国科学院深圳先进技术研究院（以下简称先进院），实行理事会管理，探索体制机制创新。先进院目前已初步构建了以科研为主的集科研、教育、产业、资本于一体的微型协同创新生态系统，由六个研究所、四个特色产业育成基地、一支天使基金和三支风投基金、多个具有独立法人资质的新型专业科研机构组成，目标是在国家创新体系和区域源头创新活动中起骨干和引领作用，包括核心技术、产业共性技术、人才教育、企业孵化等多方面的示范作用。

安徽循环经济技术工程院模式。安徽循环经济技术工程院（以下简称工程院）是中国科学院与安徽实行院地合作共建的事业单位，经安徽省皖编办发文批准，于2006年4月30日成立。工程院实行理事会领导下的院长负责制，是独立的事业法人单位，采用企业化运作模式。工程院着力推进中国科学院的技术成果向安徽企业的转移，协助企业加快利用高新技术、先进适用技术改造传统产业的步伐，促进科技成果转化为现实生产力，促进安徽经济的持续快速发展；此外，将协助企业提高自主创新能力，强化科技在经济发展中的引领作用，推进安徽地区技术创新体系建设。工程院实行理事会领导下的院长负责制。理事会成员包括省科技厅、省发展和改革委员会、省财政厅、合肥市政府等，成员单位还包括中国科学院合肥物质科学研究院的相关技术和管理人员。发展方向：一是开展以中国科学院为依托的科技成果产业化工作；二是推动提升区域科技创新体系建设的专业孵化平台建设。

（五）合作打造现代科技园

科技园区就是为成长型和创新型高新技术企业提供研发载体和增值服务的一种科技园区开发模式，通过科技、地产和金融的有机融合，实现多方共赢。科技园区以产业升级、产业集群为基础，以创新型和成长型高新技术企业为客群；以战略性新兴产业为主导产业，强调科技园区的产业定位；使园区土地资源、物业资源、企业资源按照市场行为而非行政行为聚拢在一起，充分发挥市场优化资源配置的作用。新疆目前拥有国家大学科技园以及多个国家级农业科技园区。未来对接知名科技园

运营和管理机构，着力实现新疆科技园区的创新驱动发展，一方面推动产学研功能区建设，打造研发设计、总部办公、产业培育等功能，使其成为新疆成果转化和服务社会的重要平台。另一方面，探索以多种模式推进现有科技园区的改造升级。

四、促进科研成果转化

科研成果转化是知识创造财富的过程，是科技型中小企业诞生和发展的源泉，是区域科技产业育成、深化和集聚的基本规律。对全球而言，美国、英国、德国三国促进科技成果转化的若干做法具有非常典型的指导意义。一是斯坦福大学的技术许可办公室（Office of Technology Licensing，OTL）模式。OTL模式是当今美国大学技术转移的标准模式。斯坦福大学OTL成立于1970年，负责知识产权管理和经营，自收自支，其办公费用全部从知识产权经营收入中开支，约占知识产权经营收入的15%，工作人员均为技术经理，拥有关键决策权，发明人及所在院系均参与分享专利许可收入。二是产业集群的成功范例——硅谷模式。1951年斯坦福大学建立了斯坦福工业园区，首创产学研合作的硅谷模式，融科学、技术、生产为一体，提高创新与产业化的速度和能力。硅谷模式以斯坦福大学等世界知名大学为依托，以中小型高技术企业群为基础，培育了思科、英特尔、惠普、朗讯、苹果等世界知名企业。三是剑桥大学的孵化器运营模式。剑桥大学创立了"剑桥企业"（Cambridge Enterprise），将技术转移办公室、大学风险基金和剑桥创业者中心集成为一个新组织，作为知识产权产业化和商业化的孵化器，主要开展技术评估、保护和知识产权认证；为创建新公司提供咨询和指导；提供种子基金并与有关基金组织建立联系；提供成本计算、合约协商、报价、保险和增值税等专业化咨询服务。四是官产学研结合的德国史太白技术转移模式，史太白创立于1971年，是全球著名的技术转移机构，为民办官助的非营利性技术转移中介组织，其功能主要是搜寻最新研发成果，把潜在的、最新的成果提供给企业。借鉴上述几种国际经验模式，结合新疆实际，提出以下促进科技成果转化的措施。

（一）发达地区成熟技术转移和嫁接到新疆产业发展，促进科研成果在新疆落地

从技术内容的完整性上看，可以把技术转移区分为"移植型"和"嫁接型"两种模式。"移植型"技术转移，是指技术的全部内容转移，这种模式对技术吸纳主体原有技术系统依赖性极小，而成功率较高，是"追赶型"国家或地区实现技术经济跨越式发展的常见途径，但转移的支付成本较高。"嫁接型"技术转移，是指技术的部分内容转移，如某一单元技术，或关键工艺设备等流动而实现的技术转移。它以技术需求方原有技术系统为母本，与外部先进技术嫁接融合，从而引起原有技术系统功能和效率的更新。显然，这种技术转移模式对技术受体原有技术水平的依赖性较强，技术转移的支付成本较低。

新疆在新能源及装备、农业技术与生物医药、电子信息与安防技术、节能环保技术等产业方面有着较好基础和广泛需求，对接深圳产业园区与龙头企业、上海生物技术工业园区与龙头企业、北京中关村新能源、信息技术等成熟企业和技术，通过移植和嫁接，用高新技术嫁接改造传统产业，加快科技成果向现实生产力的转化，提升传统产业的科技含量和产品的市场竞争力；移植高新技术，打造达到国内先进水平的相关产业行业，为新疆创新发展服务。新能源产业是新疆战略性新兴产业已经形成突破的一个产业，主要体现在风电产业和新能源产业。新疆新材料领域已经形成突破的是电子新材料产业，其已经拥有精铝、电子铝箔、电极箔一体化铝业深加工自主知识产权的核心技术，其工艺技术和产品质量达到了世界先进水平。新疆的生物技术产业主要集中在生物医药、民族医药、农副产品深加工及有效成分提取、生物饲料等领域。新疆的电子信息产业主要集中在以电子信息专用材料、光伏新能源、电子元器件、电子机电产品、电子测量仪器等为特色的电子信息产品制造业和以多语种系统软件、应用软件、信息技术及服务为主体的软件产业等领域。节能环保产业是新疆刚刚起步的产业，主要集中在节能环保新材料的生产及节能环保的技术服务等领域，目前的规模非常小，但发展空间很大。依托乌鲁木齐与国家技术转移东部中心共建新疆分中心，提升技术转移和示范中心。

（二）引导高校和科研机构面向市场开展原始创新或集成创新，激励相关机构和科研人员积极转化科技成果

（1）建议国家建设的国际联合研究中心和国家级的各类重点实验室、工程技术中心等要对新疆倾斜，新疆积极申请和建设各类国家级重点实验室、工程研究中心等。

（2）完善科技成果处置、收益分配制度。国家设立的研究开发机构、高校对其持有的科技成果，可以自主决定转让、许可或者作价投资；转化科技成果获得的收入全部留归本单位，在对完成、转化科技成果做出重要贡献的人员给予奖励和报酬后，纳入本单位预算，用于科学技术研究开发与成果转化工作。

（3）修改、完善对科技人员的奖励制度，具体规定科技成果完成单位可以规定或者与科技人员约定奖励、报酬的方式和数额，不限制最高比例。

（4）科技成果完成人和在成果转化中做出主要贡献者，取得的股份及出资比例等股权形式，应免于缴纳个人所得税，在新疆给予优先试点完全免税。

（三）面向产业集群，强化企业在科技成果转化中的主体作用

面向产业集群，推进科技成果转化能够快速、有效地实现科技项目资源与产业集群的对接。在此基础上进行的科技成果转化能够很好地结合区域经济与科学技术的特点，发挥产业公共技术平台力量，统筹全国科技成果，实现科技成果的转化和落地。2013年，国家863计划"地球观测与导航技术"与武汉东湖地球空间信息与

位置服务产业集群的有效对接，便是很好的范例。地球空间信息是东湖高新区乃至湖北最具特色和优势的高新技术产业领域，多年来，东湖形成了以遥感遥测、地理信息系统和全球卫星定位系统为核心的发展模式，产业集群优势突出，形成了6个技术创新战略联盟和一大批新技术创业企业。

（1）完善企业参与科研组织的制度，规定利用财政资金设立科技项目，制定相关科技规划、计划，编制项目指南应当听取相关行业、企业的意见。

（2）推进产学研合作，规定国家鼓励企业与研究开发机构、高校及其他组织采取联合建立研究开发平台、技术转移机构或者技术创新联盟等产学研合作方式，共同开展研究开发、成果应用及推广、标准研究与制定等活动；鼓励研究开发机构、高校与企业及其他组织开展科技人员交流。

（3）政府将财政性的支持措施直接落实到企业本身，只有这样才能推动企业技术创新，具体采取后补贴形式。国际经验包括美国小企业创新研究计划（SBIR）、英国小企业研究和技术奖励计划（SMART）、芬兰国家研发基金（SITRA）等。

（4）建设了中试生产基地，形成了研发—中试—产业化—技术服务一条龙推进的全程服务体系，在新能源及装备、农业技术与生物医药、电子信息与安防技术、节能环保技术等产业开展产学研合作，推动新疆区域特色化产业集群的进一步发展。

（四）大力发展科技中介服务市场，促进科技成果转化服务

（1）培育和发展技术转移交易市场，鼓励创办科技中介服务机构，为技术交易提供交易场所、信息平台以及信息加工与分析、评估、经纪等服务。

（2）加快培育一批熟悉科技政策和行业发展，社会化、市场化、专业化的科技中介服务机构。通过前资助、后补助及政府购买服务等方式，调动科技中介服务机构积极性，支持科技中介机构向经营专业化、功能投行化、收益股份化、信誉品牌化方向发展。

（3）加快培育技术经纪市场，面向高校、科研机构、企业培养一大批复合型技术转移服务人才，建设一支懂专业、懂管理、懂市场的技术经纪人队伍。

（4）支持根据产业和区域发展需要建设公共研究开发平台，为科技成果转化提供技术集成、共性技术研究开发、中间试验和工业性试验，以及科技成果系统化和工程化开发、技术推广与示范等服务。

（五）围绕双创，积极支持众创空间与中小企业孵化器

（1）加快构建众创空间、激活壮大创新创业主体、降低创新创业门槛，将加快发展众创空间等新型创业服务平台，提升创新创业服务能力，形成创新创业新生态，激发大众创新创业活力，打造经济发展新引擎。重点依托高新技术产业开发区、经济（技术）开发区、科技企业孵化器、小企业创业基地、大学科技园和高等学校、科研院所等，形成一批创新创业、线上线下、孵化投资相结合的新型

众创空间。

（2）盘活现有闲置办公楼、商业设施等，改造提升一批众创空间。引进共建一批众创空间，与沿海地区众创空间开展合作对接，引进扶持。支持创建一批众创空间，鼓励行业领军企业、特色产业龙头企业，围绕自身创新需求和产业链上下游配套，创办各类特色鲜明、需求指向明确的众创空间。

（3）建立健全创业辅导制度，培育一批专业创业导师，鼓励成功创业者、知名企业家、天使投资人和专家学者等担任创业导师，为众创空间、创业群体提供策划、咨询、辅导等服务，组建创业导师团，开展知名创业导师新疆行、创业大讲堂、创业嘉年华等活动。

第四节　体制机制创新

一、管理体制创新

（1）转变观念，建设服务型政府。服务型政府在吸引创新资源上具有重要作用。要克服欠发达地区政府倾向于"管得多、管得死、管得偏"等问题，把试验区作为实施新的治理理念的特区，学习东部地区的成功经验，借助东部援疆的人力资源，建设有利于创新的服务型政府管理体系。

（2）建立高层次的统筹协调机构。创新发展就是全面深化改革的发展，就是重塑资源配置机制和流程的发展，这尤其需要部门间的协同。根据国内成功的经验，试验区建设需要建立由一把手挂帅的统筹协调机构，并设立常设办公机构，定期组织开展部门联席会议解决重大问题。

（3）设立专项试验区建设基金。创新发展需要重塑资源配置流程，因而需要一定政府资金的引导。为此，应在中央政府支持下，采取多方筹措的方式，建立一个20亿~30亿元规模的试验区建设专项基金，用于调动现有资源的再配置以及吸引社会资源参与建设。

（4）创新援疆方式，大力加强科技援疆。由于新疆自身的人才、资金等创新资源缺乏的限制，必须加大科技援疆的力度。要转变过去被动援疆的方式，逐步围绕新疆产业创新需求开展有针对性的科技援疆和智力援疆。

二、科技体制创新

（1）加强针对产业链的创新资源集成。调整优化各部门管理的各类科技计划、专项资金，解决创新资源分散封闭、交叉重复等现象。要针对产业链打造创新链，根据创新链配置资源。大力支持国家工程（技术）研究中心、国家实验室、国家地方联合技术创新平台和企业技术中心建设，完善企业自主创新支撑平台；支持行业龙头企业建立高水平研究院。

（2）加大科技管理改革力度。突出需求导向，聚焦研发方向，突出对重点领域的科技支撑。推动建立由市场决定技术创新项目和经费分配、评价成果的机制，加快构建公开统一的科技管理平台，推动成果转化的体制机制改革。精简申报限制条件，强化申报质量导向，加强计划项目的衔接，加强和完善科研信用管理，加大探索经费后补助管理改革的力度。

（3）设立新兴产业发展专项资金。采取政府采购的形式购买公共安全信息技术服务。加大对新兴产业企业研究与开发、产业化、技术改造的财政资金投入力度，按企业研究与开发投入额的一定比例给予财政补贴。投资总额过亿元或经济带动力强、科技含量高的新建产业项目以及重要研发机构入疆项目，所得税除享受国家减免优惠政策外，在减半征税期间，企业缴纳的所得税地方留成部分奖励给企业。

（4）完善财税政策。建立完善的促进战略性新兴产业企业的税收优惠政策；税收政策上，提供折旧延期纳税、提取风险准备金、投资额按比例抵扣应纳税等税收优惠政策；实施绿色通道，简化财政审批程序。

三、金融机制体制创新

（1）"一站式"金融服务模式创新。综合发展方面包括科技企业的风险投资基金、创新科技信贷机制，完善科技到产业的并购和资本市场体系，互联网金融以及培育科技保险、租赁、担保配套体系等方面，将其整合成"一站式"金融服务平台，建立信息共享机制，打通从技术、资本到产业化的"最后一公里"。

（2）"政府引导+市场主导"的投资机制创新。发挥政府资金杠杆作用，充分利用现有和新增投资基金，完善投资政策环境和退出机制，吸引和鼓励更多社会资本进入科技和旅游业的投资领域。推动各级政府部门设立相应的投资机构，通过创新阶段参股、跟进投资等多种方式，引导基金投向初创期科技企业和科技成果转化项目。

四、商贸体制改革创新

（1）深化行政管理改革，建立综合管理机制。深化扩权改革，简政放权。优化出入境、检验检疫、邮政、贸易促进委员会等机构结构设置，进一步加强涉外服务管理能力。加快搭建能够实现商贸、海关、检验检疫、外汇管理等涵盖全方位一体化商贸管理功能的信息系统。出台商品标准认定、风险防范、征信管理等配套政策。

（2）积极推进国际商贸监管制度创新。在新疆综合保税区内的海关特殊监管区域深化"一线放开""二线安全高效管住"贸易便利化改革。推进海关特殊监管区域整合优化，完善功能。加快形成贸易便利化的制度规范，覆盖到所有符合条件的企业。加强口岸监管部门联动，规范并公布通关作业时限。鼓励企业参与"自主报税、自助通关、自动审放、重点稽核"等监管制度创新试点。

（3）推进国际商贸"单一窗口"建设。完善新疆国际贸易"单一窗口"的货物进出口和运输工具进出境的应用功能，进一步优化口岸监管执法流程和通关流程，实现贸易许可、支付结算、资质登记等平台功能，将涉及贸易监管的部门逐步纳入"单一窗口"管理平台。统筹研究推进货物状态分类监管试点。按照管得住、成本和风险可控原则，规范政策，创新监管模式，在海关特殊监管区域推进货物状态分类监管试点。

五、旅游体制机制创新

创新新疆文化旅游产业综合协调机制，成立新疆旅游文化发展委员会（新疆维吾尔自治区旅游发展委员会），统筹文化旅游相关部门工作。设立丝绸之路旅游专项基金，争取丝绸之路经济带旅游科研机构进驻。加大文化旅游相关的多种形式的融资授信支持和土地优惠政策。成立旅游援疆综合统筹机制，统筹各地、各部门的旅游援疆资金和项目。

第五节 空间布局

一、已有空间布局的经验模式

（一）"一区多园"模式——中关村国家自主创新示范区

目前，已获批建设的国家自主创新示范区中，北京中关村、武汉东湖、上海张江等示范区经过几轮空间拓展，都逐步形成了"一区多园"各具特色的空间格局。"一区多园"格局的构建，目的在于政策普惠，使尽可能多的地区享受到示范区的优惠政策。中关村是首个获批的国家自主创新示范区，目前已形成"一区十六园"的空间格局。一区是指一个国家自主创新示范区即整个中关村示范区，十六园包括东城园、西城园、朝阳园、海淀园、丰台园、石景山园、门头沟园、房山园、通州园、顺义园、大兴-亦庄园、昌平园、平谷园、怀柔园、密云园、延庆园十六个园区。目前北京每个区县均有一个中关村分园，整个示范区涵盖了北京约70%的产业用地。十六个园区除了统一享有中关村的优惠政策外，还根据所在行政区域的具体情况，享受各自地区的优惠政策，实现叠加的政策优惠体系。例如，东城园同时享有国家、北京关于促进文化创意产业发展的政策，中关村国家自主创新示范区关于促进高新技术产业发展的政策，以及东城区关于促进文化创意产业、低碳、中医药、戏剧演出等产业发展的政策。

中关村"一区十六园"格局是在核心园区海淀园的基础上由少到多逐渐扩展形成的。中关村科技园起源于20世纪80年代初电子一条街,1988年成立北京市新技术产业开发试验区,包括以中关村地区为中心的海淀区100km²的区域,1999年调整形成"一区五园"的空间格局,2006年又调整为中关村科技园区"一区十园"格局,到2012年扩区形成中关村国家自主创新示范区"一区十六园"格局,总面积达488km²。目前各园区的发展程度存在较大差距,海淀园在各项主要经济指标上都占整个示范区的40%以上。

统筹规划、突出特色、差异化布局,是"一区多园"布局的思路和原则,保障了示范区内部创新要素和产业资源最优化配置,实现产业精准定位,削弱内部过度竞争。中关村"十六园"分别体现出不同区位、产业基础和空间形态下的错位特色,如位于城市核心区的东城园、西城园集中布局研发设计、文化创意、金融服务、知识产权和技术交易等业态,发展创意园区、现代楼宇及工业遗存等载体;而亦庄、大兴等周边区域发挥空间资源优势,着力建设科技成果产业化和大型制造项目的载体设施。

(二)"城市联合体"模式——合芜蚌自主创新综合配套改革试验区

合芜蚌自主创新综合配套改革试验区成立于2008年10月,基本发展思路是以全国科技创新型试点市合肥、沿江龙头城市芜湖、皖北重工业基地蚌埠三市为核心,依托三市丰富的科教资源和强大的科技实力,整合周边创新资源,逐步建成创新体系健全、创新要素集聚、创新效率高、辐射带动能力强的创新型区域。

创新型城市是区域创新体系的基础,是新兴产业领域新技术、新产品的发源地。创新要素向创新主体(企业)集聚,创新主体向创新极聚拢,形成空间集聚的区域创新体系。合芜蚌自主创新综合配套改革试验区发挥三市科教优势,在更大范围内引导创新资源合理配置,打造一个以科技创新为特色的区域品牌,带动安徽全省提高自主创新能力,实现跨越发展。合肥、芜湖、蚌埠三市集中了安徽大部分的创新资源,尤其合肥作为全国科技创新型试点市,在创新体制机制、探索产学研结合有效模式、整合科技资源等方面取得了积极成效。合芜蚌自主创新综合配套改革试验区实际上是合肥国家科技创新型试点市的拓展,以合肥、芜湖、蚌埠三点一线,打造引领安徽自主创新的增长极,以期发挥局部地区相对优越的科技资源,作用于相对落后的产业资源、资本资源等基础条件,产生倍增效应。

二、空间布局思路

(一)新疆创新发展的空间基础

新疆现有国家级园区22家,包括国家级经济开发区2家、国家级经济技术开发区9家、国家级高新技术产业开发区3家、出口加工区1家、综合保税区2家、边境经济合作区 4 家、全国首个国际边境合作中心 1 家（表 7-1）。

表 7-1　新疆国家级园区名录

序号	园区名称	所在城市
1	乌鲁木齐经济技术开发区	乌鲁木齐
2	甘泉堡经济技术开发区	乌鲁木齐
3	乌鲁木齐高新技术产业开发区	乌鲁木齐
4	乌鲁木齐出口加工区	乌鲁木齐
5	乌鲁木齐综合保税区	乌鲁木齐
6	石河子经济技术开发区	石河子
7	石河子高新技术产业开发区	石河子
8	霍尔果斯经济开发区	霍尔果斯
9	中哈霍尔果斯国际边境合作中心	霍尔果斯
10	喀什经济开发区	喀什
11	库尔勒经济技术开发区	库尔勒
12	阿拉尔经济技术开发区	阿拉尔
13	准东经济技术开发区	阜康
14	五家渠经济技术开发区	五家渠
15	奎屯-独山子经济技术开发区	奎屯
16	库车经济技术开发区	库车
17	昌吉高新技术产业开发区	昌吉
18	阿拉山口综合保税区	阿拉山口
19	吉木乃边境经济合作区	吉木乃
20	博乐市边境经济合作区	博乐
21	塔城市边境经济合作区	塔城
22	伊宁市边境经济合作区	伊宁

新疆国家级高新技术产业开发区、国家级经济技术开发区和出口加工区主要集中在天山北坡城市群，尤其是以乌鲁木齐为中心的周边地区，另外南疆也分布有 3 处国家级经济技术开发区。边境经济合作区、国际边境合作中心、综合保税区主要分布在西北边境沿线一带，另有喀什和霍尔果斯两处国家级经济开发区。

新疆现有"211 工程"高校两所，即新疆大学和石河子大学，另有三所一本高校，即新疆师范大学、新疆医科大学和新疆财经大学。除石河子大学位于石河子外，其余 4 所高校全部在乌鲁木齐市内。中国科学院新疆理化技术研究所和中国科学院新疆生态与地理研究所也位于乌鲁木齐，中国科学院新疆生态与地理研究所还设有荒漠与绿洲生态国家重点实验室。

新疆创新基础总体上较差，但创新资源集中于乌鲁木齐及周边区市，使得乌鲁木齐具有良好的创新发展条件。乌鲁木齐是新疆维吾尔自治区首府，全疆政治、经济、文化、科教和交通中心，中国西部地区重要的中心城市和面向中西亚的国际商贸中心，集聚了众多产学研资源。乌鲁木齐现有新疆重点建设的五所高校中的四所，中国科学院研究所两所，国家级重点实验室一处，乌鲁木齐高新区高新技术创业服务中心、新疆申新科技合作基地有限公司、新疆米东科技创新服务基地有限责任公司共三处国家级科技企业孵化器，以及新疆维吾尔自治区常设技术市场、新疆大学技术转移中心、新疆农业科学院等国家技术转移示范机构，创新发展基础较好，适宜优先布局试验区。

除乌鲁木齐外，石河子、库尔勒、伊宁、喀什四市创新资源也较为丰富，可以布局试验区。石河子是新疆直辖的县级市，曾是新疆生产建设兵团总部所在地，经济较为发达，农工商产业基础好，有石河子高新技术产业开发区、石河子大学，以及石河子科学技术开发交流中心和新疆石达赛特科技有限公司两处国家技术转移示范机构，同时依托兵团旗下众多科研机构和大型企业，创新条件较好。库尔勒是巴音郭楞蒙古自治州的地级行政区首府，南北疆重要的交通枢纽和物资集散地，经济发展程度较高，石油化工和特色林果业较为发达，传统产业升级动力大，创新需求迫切。伊宁是伊犁哈萨克自治州的地级行政区首府，国家级历史文化名城，伊犁河谷地区重要的物资集散地和工业中心，新亚欧大陆桥中西部的主要窗口，设有边境经济合作区，是新疆对外开放门户之一。喀什是喀什地区的地级行政区首府，南疆的政治、经济、文化中心，一类航空口岸，有1处国家级科技企业孵化器——喀什新丝路电子商务运营有限公司，喀什经济开发区是中国内陆第一个经济特区。伊宁和喀什是新疆边境重要城市，可以进行创新试点。

（二）空间布局设计

新疆城市距离远、密度低、发育程度不高，相对集聚于天山北麓；创新成果少、成效差，创新资源不够丰富但却相对集中于乌鲁木齐。结合新疆实际，根据集中优势打造增长极，带动区域创新发展的思路，以及统筹协调、均衡发展的原则，建议在空间布局上采取"一区多园"、统筹规划、分步实施、各具特色的发展模式。优先集中优势资源在创新基础最好的乌鲁木齐建设核心园区，整合周边城市资源，打造区域创新驱动的增长极；取得成效后发挥辐射带动作用，将经验办法、运行机制、配套资源等在创新条件相对较好的石河子、库尔勒、伊宁、喀什四市进行复制，建设分园区，构建南北疆、兵团及边境地区协调发展的格局；在中远期将试验区扩展并覆盖全疆各地市。

总体上，各园区坚持统筹、错位和融合并举。统筹核心园区与各分园间的协同，注重各个园区的差异化与专业化发展，结合地方实际，依托优势资源，面向市场需求，发展特色产业。促进核心园区与分园区的融合，建立产业转移和招商引资协调机制，在试验区全局高度推动政策、技术、人才、项目及资金等要素在核心园区和分园区内的流动和共享。构建核心园区与各分园联动发展的长效机制，通过品牌输出、技术转移、项目申报、企业扩散、联合招商及机制创新等途径，切实增强核心区的辐射、带动和示范功能。

政策配套方面，允许各园区在统一享有试验区政策的基础上，同时享受地方政策优惠，打造叠加的政策体系。空间载体建设方面，因地制宜、分类推进，对依托传统经济技术开发区、高新区的园区，推进土地资源挖潜，引导产业空间整合与功能升级，围绕主导产业科学调整用地布局；对新建区域，加强前期顶层设计和超前布局，结合园区产业定位实施分类指导，合理规划建设用地，完善综合服务功能，带动周边载体建设和资源布局，充分衔接区域土地利用规划和空间布局规划，构建宜居、宜业的现代化城区形态。

在乌鲁木齐先期规划建设丝绸之路经济带创新驱动发展试验区核心园区。园区选址原则上依托乌鲁木齐高新技术产业开发区和经济技术开发区，涵盖两区的主体范围，总面积控制在 $60\sim100km^2$，并统筹考虑乌昌经济一体化，带动昌吉高新技术产业开发区发展，建设乌昌新区。乌鲁木齐核心园区依托省会城市区位条件、众多大学和科研院所科教资源、龙头企业和科技型企业集聚等优势条件，发展全方位综合性创新，辐射并带动全疆创新发展。重点培育科技研发、金融服务、电子信息、生物医药、机械制造、国际商贸、文化创意、旅游等产业。将试验区向创新基础较好的石河子、库尔勒、伊宁、喀什四市拓展，依托现有国家级园区建立试验区分园区。在总体上形成"1+4"的园区布局，即乌鲁木齐核心园区+库尔勒、伊犁、喀什、石河子4处园区。在主导产业培育方面，根据现有产业基础、资源禀赋、区位条件，以及未来发展方向和总体布局要求，石河子园区依托现有高新区和石河子大学等资源，重点发展科技研发、现代农业、机械化工、新能源新材料等产业；库尔勒园区发展生物技术、能源电力、加工制造、物流服务等产业；伊宁园区发展国际商贸、国际物流、出口加工、文化旅游等产业；喀什园区发展电子商务、旅游购物、金融服务、节能环保等绿色经济产业。

中期规划，将试验区向全疆范围拓展，依托现有国家级园区等发展条件，在产学研资源丰富的地区如克拉玛依、昌吉、阜康、五家渠、奎屯、霍尔果斯及其他城市建立分园区，保证各市、地区和自治州至少有一处园区，形成"1+n"的空间格局，带动新疆整体创新发展。

第六节 援疆合作模式

对口援疆是国家战略，必须长期坚持，把对口援疆工作打造成加强民族团结的工程。维护社会稳定和长治久安，迫切需要对口援疆方式转型来突破资源和环境瓶颈，提升产业技术水平，推进绿色发展与可持续发展，最终惠及民生福祉，促进新疆可持续和谐发展。

一、对口援疆在新疆创新驱动发展中的定位

（一）对口援疆是加快新疆创新驱动发展的重要支撑

新疆本身科技水平、人才资源条件有限，单靠自身实行创新驱动发展困难较大。通过对口援疆，有利于引进和充分利用发达地区的科技、人才资源和先进的管理理念，助推新疆创新驱动发展。

（二）对口援疆是促进民族交往、交流、交融，加强民族团结的重要工程

对口援疆具有纽带作用，能促进新疆与内地之间、各民族之间加深交流、交往、交融，增进各民族大团结。对口援疆事关新疆的发展稳定，事关祖国统一、民族团结与国家安全，对保障社会稳定和长治久安具有重要意义，为新疆创新驱动发展创造良好社会环境。

（三）对口援疆是促进新疆可持续转型发展的动力源泉

新疆地域辽阔、自然环境艰苦，同时经济社会发展严重滞后，诸多方面受到制约。为此，对口援疆工作引入的先进技术、人才、管理理念将成为新疆可持续转型发展的关键契机。新疆的经济社会可持续发展，除了主要依靠新疆各族人民自力更生、艰苦奋斗和长期努力外，还需要经济发达地区对新疆的帮扶，这对进一步推动新疆可持续转型发展意义重大。

二、未来对口援疆工作的重点转变

落实中央推进新疆跨越式发展和长治久安的战略部署，围绕新疆经济社会发展及科技创新迫切需求，提出未来对口援疆工作的新思路、新方向。

（一）援疆内容（方式）创新

1. 由大项目建设向民生、就业援疆转变

实现新疆经济社会跨越式发展的重点和难点在基层。不断改善基层群众的民生福祉，已成为当前援疆工作的重中之重。过去，多数援疆资金投入主体集中在市政交通、办公用房、城市大型公共活动场所等基础设施建设方面，在特色产业发展、农村实用技术推广和民生工程方面投入不足。因而，创新援疆工作，就是要坚持以人为本，把资金和项目进一步向农牧民倾斜，不断改善基层干部群众生产生活条件，扎实推进医疗、就业、社会保障等民生工程建设，促进新疆社会稳定和长治久安。

进一步推进医疗援疆是民生援疆的重要组成。与内地大型医疗机构合作，支持新疆打造丝绸之路经济带区域性医疗服务中心。推动边远地区基层医疗机构提高服务能力和技术水平，进一步改善新疆农牧区医疗设施条件和计生服务体系。建立对口援疆医疗服务队，进一步加强医疗援疆工作，提升各族民众健康水平。坚持医疗人才援疆，在新疆实施全科医生特设岗位计划，有计划地选派更多卫生技术人员开展为期一年的援疆服务，在乌鲁木齐等地探索建立具有行业特点和医务人员技术劳务价值的人事薪酬制度。积极扶持新疆中医药和民族医药发展，加强县级民族医院标准化建设和专科（专病）能力建设。

推进就业援疆是援疆工作的核心。相关部委、援疆省市从资金、师资、专业建设等方面支持新疆建设公共实训基地和技工院校。深化新疆劳动力职业技能培训，包括高校毕业生创业培训计划、纺织服装产业技术工人培训计划，提升新疆务工人员的经济收入和劳动技能，促进文化交流和融合。按新疆产业的要求及务工人员的技能特点，选择一批援疆省市工作环境较好、食宿条件符合要求的劳动密集型企业，促进新疆务工人员跨区域就业。以电商援疆等新业态为重点突破，促进创业就业。通过广泛培训、重点培育和搭建孵化器，助推新疆创业就业。

民生援疆工程。对口援疆工作的出发点和落脚点放在改善当地民计民生上，援疆资金向基层倾斜，向农牧区倾斜，结合中央、自治区补助资金、援疆资金、地方政府补助资金、相关项目资金、农牧民自筹资金等，通过实施一系列农牧民安居等民生项目，让广大农牧民直接受益。推动科技富民固边工程实施。加大新疆县市（团场）富民强县专项行动计划实施力度，强化对新疆边境县市和58个边境团场的科技支持。

2. 由"硬件"援疆建设向"软件"智力援疆转变

积极推动人才智力援疆。援疆工作有利于改善新疆的基础设施条件，同时更要注重培养、用好、吸引各类人才，充分激发新疆的创新活力。坚持支援与合作并重，通过"走出去"和"请进来"，采用双向挂职、两地培训、合作交流、支医支教支农等方式，将干部人才援疆与加强对受援地干部人才的培养相结合，努力为新疆培养、吸引人才。与援疆地区协同，为新疆组建、培养、吸引人才梯队。组建国家级高端人才顾问团队；围绕产业创新，打造创新领军团队；搭建特色产业人才实训示范基地，培养社会发展紧缺人才；优化人才结构，培养经营管理型、科技创新型等精英人才；提升基层人才能力素质，培训党政干部和医生、教师等业务骨干；培训农牧民特色产业技能，促进农牧业劳动力就业增收。

推进教育援疆是援疆的长久策略。从学前教育、中小学教育、中等职业教育到高等教育，深化对口支教和对口帮扶教育深度。采用现代信息技术，积极推进"双语"教育、远程教育和职业教育，帮助新疆各族群众特别是年轻人学好用好国家通用语言文字，为他们带来更多发展机遇。营造有利于教育人才成长和创新的环境，积极创造条件推动教育人才向新疆流动，通过财政补贴、援疆教育人才推进计划等充分调动教育人员的积极性与创造力。

3. 由"输血"式援疆建设向"造血"式科技援疆转型

从过去注重"输血"向"输血"与"造血"并重转变，提升新疆自身的创新"造血"功能、通过科技创新现代产业体系、发挥好科技支撑引领作用是贯彻落实中央精神、推进新疆跨越式发展和长治久安的必然选择。

深化同内地的产学研合作，促进传统产业技术升级。加快深圳等内地先进适用技术和成果向新疆转移和扩散，支持传统产业共性技术的研发；利用高新技术改造提升石油石化、煤电煤化工、矿产加工、钢铁、轻工、纺织、装备制造等传统产业。加快新能源、新材料、电子信息、生物医药等战略性新兴产业关键技术的研发，以及制造和重点产业信息化工程的示范和产业化推广。

挖掘援疆人才、政策潜力，大力发展现代服务业。争取援疆地区、部委创新人才、政策资源，针对喀什、霍尔果斯、乌鲁木齐等特殊经济开发区建设，大力发展生产性服务业以及涵盖信息服务、研发设计服务、知识产权服务、科技成果转化服务的科技服务业；充分发挥新疆的区位优势，积极开展面向中亚、西亚和南亚国家出口的国际商务商贸服务；针对新疆区域特点，大力发展数字化远程教育、远程医疗等公共服务业，推动形成东部教育、医疗资源与新疆合作的新渠道、新机制；结合新疆的文化旅游特点，大力发展智慧旅游、文化创意等新兴服务业态，逐步探索和发展具有新疆特色的市场化、社会化、产业化的现代服务业发展新模式。

协同援疆地区部委，推进高新技术产业聚集园区建设。引导援疆省市的国家级高新区参与新疆高新区和各类产业聚集园区建设；支持援疆省市的大学科技园在新疆设立分园；支持产业聚集园区实施"新兴产业科技培育援疆行动"；发挥科技型中小企业创新基金和创业投资引导基金的重点扶植作用，支持新疆发展科技风险投资，大力推进新疆科技型中小企业发展。

建立全国科技合作的长效机制。充分发挥内地高校、科研院所、企业的优势，开展多种形式的产学研合作。深入实施技术创新工程，支持新疆建立以企业为主体、市场为导向、产学研结合的技术创新体系，与中国科学院等科研院所协同推进具有新疆特色的区域创新体系建设；支持新疆围绕能源和矿产资源高效利用、战略性新兴产业、现代农业及生态环境保护等领域，加强科技研发基地和科技成果转化基地建设，形成功能健全、资源共享、高效运行的开放式科技基础条件平台和科技服务平台。支持新疆建设省部共建国家重点实验室培育基地、国家工程技术研究中心、国家级高新技术产业化基地。

（二）体制机制创新

1. 由政府计划向政府与市场结合的多元模式转变

由过去政府主导、大包大揽的援疆模式，向政府与市场相结合，以及企业、政府、非政府组织、个人并重的复合模式转变。充分发挥市场在配置资源方面的决定性作用，是做好下一阶段援疆工作的关键。建立市场在促进新疆经济社会发展中发挥主导作用的长效机制，就是要结合新疆经济发展实际和资源、生态、环境特点，充分激活市场经济下企业的活力，调动非政府组织的积极性，制定出台鼓励内地企业参与新疆产业发展的特殊政策，促进具有浓郁地方特色的农牧产业、文化旅游产业、装备制造业、信息产业等战略型新兴产业又好又快发展。

2. 由单向输入向"共享共赢"的机制转变

由"植入"式援疆建设向"共享共赢"的援疆模式转变。统筹新疆发展现实需要，建立与援疆省市政府、企业、高端人才、创业孵化器和投资机构的广泛联系和服务对接平台，从而使得援疆工作能充分满足各方实际需求。尤其是以市场引导的方式，把发达援疆地区的优秀企业和特色产业引进新疆创业发展，让企业家们在支援新疆的经济建设中获得应有的收获，实现互动共赢。

3. 建立不同类型援疆项目的管理制度和运行机制

成立自治区援疆管理机构，统筹协调各援疆部门、省市和单位。建立与援疆省市政府、企业、高端人才、创业孵化器和投资机构的联动机制，协调推进重大项目落地实施。推进实施整体援疆的空间规模和布局规划，统筹援疆规划与国家、新疆、新疆生产建设兵团的规划衔接，协调推进重大科技成果产业化项目选址、规划建设等方面的审批。

三、科技援疆创新

创建"科技部–中国科学院–援疆省市–新疆"四方协同合作创新，科技援疆引领全面创新的新格局。

（一）科技部

以新疆丝绸之路经济带核心区为先行先试区，从国家层面进行重大科技基础设施超前布局。重大科技基础设施是为探索未知世界、发现自然规律、实现技术变革提供极限研究手段的大型复杂科学研究系统。加大国家重大科技基础设施、各类科技计划和对口援疆省市科技计划向新疆倾斜支持的力度，促进中央财政、对口援疆省市和新疆地方财政的共同投入。针对重大科技基础设施，开展三方面整合，一是新疆与科技部、工业和信息化部等相关部委建立省部会商机制，建立重大科技项目"直通车"机制；二是科技部与解放军总参谋部、总后勤部等签署战略合作协议，推进军民两用供需对接和融合创新，在新疆先行应用；三是科技部与中国科学院、央企和高校院所共建协同创新城，支持科研机构、大学和企业协同创新，在新疆先行应用。

新疆丝绸之路经济带核心区在科技政策体制创新方面为先导区。科技政策方面，将新疆列为先行先试改革区，探索股权激励试点、税收优惠试点、中央级事业单位科技成果处置权、收益权改革试点、科技风险投资和小额贷款试点等。科技体制改革方面，着力推进几方面的改变：变科技资源分散分割为共建共享、协同创新；变科技专项经费切块支持为按市场机制竞争择优支持；变科技评审立项支持为产学研合作后补助和奖励支持；变政府组织专家评价为市场化、社会化第三方评估。

开展科技专家人才援疆激励机制。加强科技人才引进与培养，推动国家层面的人才工程或人才计划向新疆倾斜；支持新疆依托重大科技工程、重点科技项目、重要科研基地等，选拔、培养青年科技骨干，引进高层次科技人才，培养和造就创新人才团队，支持援疆省市选派科技特派员深入新疆县市（师团）创新创业，建立科技人员进疆援助长效机制；支持新疆重点企业设立"院士专家工作站"；支持国家级科技计划向新疆青年科研人员予以倾斜，国内重点科研院所和高校向新疆定向培养研究生，科技骨干到内地高等院校和科研机构进修和培训；建立科技创业导师队伍，支持全国科技专家、成功企业家、资深管理者等组成新疆创业导师委员会，并积极联系天使投资人、行业领军人物、市场营销专家等组成专兼职导师队伍，形成科技创业长效机制。

开放性科技援疆政策机制。充分利用国内外两种资源和两个市场，围绕新疆经济社会发展的重点需求，在新疆建立一批科技合作研发中心和国际科技合作基地，形成聚集创新要素的国际科技合作平台；促进新疆科技基础条件平台和科技服务平台的对外开放，形成并发挥新疆的区域科技中心功能和作用；支持国内科研机构、企业与中亚五国共建合作研究站点、科技园区、农业科技示范基地、产品生产加工基地，发展对中亚的技术输出和具有自主知识产权的重大系统标准的输出。

（二）中国科学院

建设中国科学院主导的创新联合体。参照合肥中国科学技术大学先进技术研究院模式，"省院合作、市校共建"，以体制机制创新为突破口，着眼重大技术需求、聚焦重大成果转化，建设以具有培养、技术研发、产业培育、企业孵化等多种功能的中国科学院二级机构为主体的创新联合体。中国科学院主导，与行业领军企业共建联合研发单元——协同创新中心。中国科学院建立援疆产学研奖励基金，优先和重点资助与新疆企业实际需求相结合的科研项目。

（三）重点援疆省市

深圳与新疆、部际相关部门建立区域合作联合创新机制。搭建龙头企业援疆平台，借助深圳的人才、技术优势和先进的管理理念，以龙头企业为核心，充分发挥援疆企业在科技成果转化中的主导作用，吸引深圳企业向新疆有序转移、集中布局、集聚发展，形成龙头企业引领下的科技产业孵化平台。深圳、新疆协同打造现代科技产业园。探索多种模式推进现有科技园区的改造升级，通过科技、地产和金融的有机融合，实现多方共赢。搭建创新资源产学研用合作平台，建立与科研机构、高校、高端人才、社会组织、创业孵化器和投资机构的服务对接平台，从而加强对各类创新资源的统筹协调。

参 考 文 献

安同良，姜妍.2021.中国特色创新经济学的基本理论问题研究［J］.经济学动态,（4）：15-26.
曹贤忠.2017.基于全球–地方视角的上海高新技术产业创新网络研究［D］.上海：华东师范大学.
陈丹宇.2007.区域创新系统研究的回顾与评述［J］.科技进步与对策,（8）：205-210.
陈宏.2012.论国外援助政策及对援疆工作的启示［J］.西北民族大学学报,（4）：56-66.
陈劲,陈钰芬.2006.开放创新体系与企业技术创新资源配置［J］.科研管理,27（3）：1-8.
崔满红.2005.中国欠发达地区金融、企业、政府协调机制研究［M］.北京：中国财政经济出版社.
弗朗索瓦·佩鲁.1955.新发展观［M］.张宁,丰子义,译.北京：华夏出版社.
傅家骥.1998.技术创新学［M］.北京：清华大学出版社.
盖文启,王缉慈.1999.论区域的技术创新型模式及其创新网络——以北京中关村地区为例［J］.北京大学学报（哲学社会科学版）,（5）：29-36.
葛全胜,刘卫东,孙鸿烈,等.2017.地理科学与资源科学的国家智库建设［J］.地理学报,75（12）：2655-2668.
龚刚,魏熙晔,杨先明,等.2017.建设中国特色国家创新体系跨越中等收入陷阱［J］.中国社会科学,（8）：61-86+205.
顾娜娜.2015.长江经济带装备制造业产学研创新网络研究［D］.上海：华东师范大学.
顾伟男,刘慧,王亮.2019.国外创新网络演化机制研究［J］.地理科学进展,38（12）：1977-1990.
郭洪林,甄峰,王帆.2016.我国高等教育人才流动及其影响因素研究［J］.清华大学教育研究,37（1）：69-77.
郭金晶.2016.包头市高层次科技人才引进工作存在的问题与对策研究［D］.呼和浩特：内蒙古师范大学.
郭淑芬.2009.欠发达地区创新系统研究［M］.北京：经济科学出版社.
贺灿飞,郭琪,马妍,等.2014.西方经济地理学研究进展［J］.地理学报,69（8）：1207-1223.
贺灿飞,毛熙彦.2015.尺度重构视角下的经济全球化研究［J］.地理科学进展,34（9）：1073-1083.
贺灿飞.2018.演化经济地理研究［M］.北京：经济科学出版社.
洪银兴,安同良,孙宁华.2017.创新经济学［M］.南京：江苏人民出版社.
洪银兴.2017.进入新阶段后中国经济发展理论的重大创新［J］.中国工业经济,（5）：5-15.
侯景新.1999.落后地区开发通论［M］.北京：中国轻工业出版社.
李丹丹,汪涛,魏也华,等.2015.中国城市尺度科学知识网络与技术知识网络结构的时空复杂性［J］.地理研究,34（3）：525-540.
刘易斯.1990.经济增长理论［M］.上海：上海三联书店.
刘承良,管明明,段德忠.2018.中国城际技术转移网络的空间格局及影响因素［J］.地理学报,

73（8）：1462-1477.

刘国巍.2015.产学研合作创新网络时空演化模型及实证研究——基于广西2000-2013年的专利数据分析［J］.科学学与科学技术管理，36（4）：64-74.

刘慧.2006.区域差异测度方法与评价［J］.地理研究，（4）：710-718.

刘曙光，徐树建.2002.区域创新系统研究的国际进展综述［J］.中国科技论坛，（5）：33-37.

刘卫东，甄峰.2004.信息化对社会经济空间组织的影响研究［J］.地理学报，（S1）：67-76.

刘卫东.2013.经济地理学思维［M］.北京：科学出版社.

刘友金，刘莉君.2008.基于混沌理论的集群式创新网络演化过程研究［J］.科学学研究，26（1）：185-190.

刘志高，王琛，李二玲，等.2014.中国经济地理研究进展［J］.地理学报，69（10）：1449-1458.

刘志高，尹贻梅.2006.演化经济地理学：当代西方经济地理学发展的新方向［J］.国外社会科学，（1）：34-39.

刘文翠，李翠花.2013.新疆与中亚五国跨境贸易人民币结算存在问题及建议.新疆财经，（1）：70-74.

柳卸林.1993.技术创新经济学［M］.北京：中国经济出版社.

柳卸林.1998.国家创新体系的引入及其对中国的意义［J］.中国科技论坛，（2）：26-28.

柳卸林.2003.区域创新体系成立的条件和建设的关键因素［J］.中国科技论坛，（1）：18-22.

柳卸林.2006.二元的中国创新体系［J］.科学学与科学技术管理，（2）：14-21.

柳卸林.2008.全球化、追赶与创新［M］.北京：科学出版社.

柳卸林.2014.技术创新经济学［M］.北京：清华大学出版社.

罗宾逊J.1975.美英经济学家评凯恩斯主义［M］.北京：商务印书馆.

吕国庆，曾刚，顾娜娜.2014.经济地理学视角下区域创新网络的研究综述［J］.经济地理，34（2）：1-8.

吕国庆，曾刚，顾娜娜.2014.基于地理邻近与社会邻近的创新网络动态演化分析——以我国装备制造业为例［J］.中国软科学，（5）：97-106.

吕国庆，曾刚，郭金龙.2014.长三角装备工业产学研创新网络体系的演化分析［J］.地理科学，34（9）：1051-1059.

吕国庆，曾刚，马双，等.2014.产业集群创新网络的演化分析——以山东省东营市石油装备制造业为例［J］.科学学研究，32（9）：1423-1430.

马双.2017.封闭型创新网络的结构和内在机理研究［D］.上海：华东师范大学.

毛睿奕，曾刚.2010.基于集体学习机制的创新网络模式研究——以浦东新区生物医药产业创新网络为例［J］.经济地理，30（9）：1478-1483.

宓泽锋，曾刚.2017.创新松散型产业的创新网络特征及其对创新绩效的影响研究——以长江经济带物流产业为例［J］.地理研究，36（9）：1653-1666.

穆荣平.2020.国家创新发展报告［M］.北京：科学出版社.

讷克斯R.1966.不发达国家的资本形成问题［M］.北京：商务印刷馆.

牛方曲，刘卫东，刘志高，等.2011.中国区域公立科技创新资源与经济发展水平相关性分析［J］.经济地理，31（4）：541-547.

牛方曲，刘卫东.2012.中国区域科技创新资源分布及其与经济发展水平协同测度［J］.地理科学进展，31（2）：149-155.

佩鲁F.1987.新发展观［M］.北京：华夏出版社.

彭刚，黄卫平．2007．发展经济学教程［M］．北京：中国人民大学出版社．

彭锐．2008．产学研合作创新网络的演进阶段及演进过程中科研管理部门的作用［J］．科研管理，29（10）：38-41．

彭宜新，邹珊刚．2002．国家创新能力与中国新技术产业发展［J］．华中科技大学学报：社会科学版，16（2）：62-66．

盛彦文，苟倩，宋金平．2020．城市群创新联系网络结构与创新效率研究——以京津冀、长三角、珠三角城市群为例［J］．地理科学，40（11）：1831-1839．

石定寰．1999．国家创新系统：现状与未来［M］．北京：经济管理出版社．

舒尔茨 T W．1990．论人力资本投资［M］．北京：北京经济学院出版社．

童昕，王缉慈．2000．论全球化背景下的本地创新网络［J］．中国软科学，（9）：80-83．

托达罗 M P，史密斯 S C．发展经济学［M］．北京：电子工业出版社．

万劲波，赵兰香，牟乾辉．2012．国家创新平台体系建设的回顾与展望［J］．中国科学院院刊，27（6）：702-709．

汪涛，Hennemann S，Liefner I，等．2011．知识网络空间结构演化及对 NIS 建设的启示——以我国生物技术知识为例［J］．地理研究，30（10）：1861-1872．

汪涛，任瑞芳，曾刚．2010．知识网络结构特征及其对知识流动的影响［J］．科学学与科学技术管理，31（5）：150-155．

王蓓，刘卫东，陆大道．2011．中国大都市区科技资源配置效率研究——以京津冀、长三角和珠三角地区为例［J］．地理科学进展，30（10）：1233-1239．

王缉慈．1999．知识创新和区域创新环境［J］．经济地理，（01）：3-5．

王缉慈．2001．创新的空间：企业集群与区域发展［M］．北京：北京大学出版社．

王缉慈．2002．创新及其相关概念的跟踪观察．中国软科学，（12）：30-34．

王缉慈．2016．创新集群三十年探索之旅［M］．北京：科学出版社．

王露，王铮，杨妍，等．2002．知识网络动态与政策控制（Ⅱ）——中国国家创新体系调控模拟［J］．科研管理，23（1）：17-26．

吴国春．2004．我国欠发达地区经济发展政策支撑研究［D］．哈尔滨：东北林业大学．

吴国春．2006．我国欠发达地区经济发展政策问题研究［M］．哈尔滨：东北林业大学出版社．

吴康，方创琳，赵渺希．2015．中国城市网络的空间组织及其复杂性结构特征［J］．地理研究，34（4）：711-728．

肖慈方．2003．中外欠发达地区经济开发的比较研究［D］．成都：四川大学．

谢守红．2000．从国外欠发达地区发展战略看我国西部大开发［J］．衡阳师范学院学报（社会科学），（5）：32-35．

熊彼特 J A．1997．经济发展理论［M］．北京：商务印书馆．

杨伟民．1997．对我国欠发达地区的界定及其特征分析［J］．经济改革与发展，（4）：52-56．

曾刚．2016．长江经济带协同创新研究：创新·合作·空间·治理［M］．北京：经济科学出版社．

张培刚．2010．发展经济学［M］．北京：北京大学出版社．

张培刚．2001．发展经济的非经济因素与政府作用［J］．管理与财富，（8）：59-61．

张治河，胡树华，金鑫，等．2006．产业创新系统模型的构建与分析［J］．科研管理，27（2）：4．

张治河．2003．面向"中国光谷"的产业创新系统研究［D］．武汉：武汉理工大学．

周灿，曾刚，曹贤忠．2017．中国城市创新网络结构与创新能力研究［J］．地理研究，36（7）：1297-1308．

周寄中. 2002. 科学技术创新管理 [M]. 北京：经济科学出版社.

邹再进. 2006. 论欠发达地区的区域创新主体结构特征 [J]. 科技进步与对策，(9)：52-54.

Asheim B T, Isaksen A. 1997. Location, agglomeration and innovation: Towards regional innovation systems in Norway? [J]. European Planning Studies, 5 (3): 299-330.

Asheim B T, Isaksen A. 2002. Regional innovation systems: The integration of local 'sticky' and global 'ubiquitous' knowledge [J]. The Journal of Technology Transfer, 27 (1): 77-86.

Autio E. 1998. Evaluation of RTD in regional systems of innovation [J]. European Planning Studies, 6 (2): 131-140.

Balland P A, Belso-Martínez J A, Morrison A. 2016. The dynamics of technical and business knowledge networks in industrial clusters: Embeddedness, status or proximity? [J]. Economic Geography, 92 (1): 35-60.

Balland P A. 2012. Proximity and the evolution of collaboration networks: Evidence from research and development projects within the Global Navigation Satellite System (GNSS) industry [J]. Regional Studies, 46 (6): 741-756.

Breschi S, Malerba F. 1997. Sectoral innovation systems: Technological regimes, Schumpeterian dynamics, and spatial boundaries [J]. Systems of Innovation: Technologies, Institutions and Organizations, 1: 130-156.

Buchmann T. 2015. The Evolution of Innovation Networks: An Automotive Case Study [M]. Wiesbaden, German: Springer Gabler.

Buesa M, Heijs J, Pellitero M M, et al. 2006. Regional systems of innovation and the knowledge production function: The Spanish case [J]. Technovation, 26 (4): 463-472.

Bunnell T G, Coe N M. 2001. Spaces and scales of innovation [J]. Progress in Human Geography, 25 (4): 569-589.

Boudeville J R. 1966. Problems of Regional Economic Planning [M]. Edinburgh: Edinburgh University Press.

Braczyk H J, Cooke P, Heidenreich M. 1998. Regional Innovation Systems: The Role of Governances in a Globalized World (1st ed.). London, UK: Routledge.

Cao Z, Derudder B, Peng Z W. 2019. Interaction between different forms of proximity in interorganizational scientific collaboration: The case of medical sciences research network in the Yangtze River Delta region [J]. Regional Science, 98 (1): 1-32.

Carlsson B. 1999. Small Business, Entrepreneurship, and Industrial Dynamics [M] //Acs Z J. Are Small Firms Important? Their role and impact. Boston, MA: Springer.

Cassiolato J E, Lastres H. 1999. Local, national and regional systems of innovation in the Mercosur [C] // DRUID Summer Conference on National Innovation Systems, Industrial Dynamics and Innovation Policy: 9-12.

Chenery H B, Strout A M. 1966. Foreign assistance and economic development [J]. The American Economic Review, 56 (4): 679733.

Coe N M, Dicken P, Hess M. 2008. Global production networks: realizing the potential [J]. Journal of Economic Geography, 8 (3): 271-295.

Cohen W M, Levinthal D A. 1990. Absorptive capacity: A new perspective on learning and innovation [J]. Administrative Science Quarterly, 35 (1): 128-152.

Cooke P, Asheim B, Boschma R A, et al. 2011. Handbook of Regional Innovation and Growth [M]. Cheltenham: Edward Elgar.

Cooke P, Morgan K. 1998. The Associational Economy: Firms, Regions, and Innovation [M]. Oxford, UK: Oxford University Press.

Cooke P. 1993. Regional innovation system: An evaluation of six European cases [J] . Urban and Regional Development in the New Europe, 133-154.

Cooke P. 1996. The new wave of regional innovation networks: Analysis, characteristics and strategy [J]. Small Business Economics, 8 (2): 159-171.

Cooke P, Gomez Uranga M, Etxebarria G. 1997. Regional innovation systems: Institutional and organisational dimensions [J]. Research policy. 26 (4-5): 475-491.

Cooke P, Heidenreich M, Braczyk H J. 1998b. Regional Innovation Systems: The Role of Governance in a Globalized World [M] . London, UK: Routledge.

Cooke P, Morgan K. 1994. The regional innovation system in Baden-Wurttemberg [J]. International Journal of Technology Management, 9 (3-4): 394-429.

Cooke P, Uranga M G, Etxebarria G. 1998a. Regional systems of innovation: an evolutionary perspective [J]. Environment and planning A, 30 (9): 1563-1584.

Cooke P. 1992. Regional innovation systems: Competitive regulation in the New Europe [J]. Geoforum, (23): 365-382.

Cooke P. 1995. Europa: Network approaches to regional innovation and technology management [J]. Technology Management, 2: 18-30.

Czaika M, Orazbayev S. 2018. The globalisation of scientific mobility, 1970 – 2014 [J]. Applied Geography, 96: 1-10.

Davids M, Frenken K. 2018. Proximity, knowledge base and the innovation process: Towards an integrated framework [J]. Regional Studies, 52 (1): 23-34.

Dekker D, Krackhardt D, Snijders T A. 2007. Sensitivity of MRQAP tests to collinearity and autocorrelation conditions [J]. Psychometrika, 72 (4): 563-581.

Derudder B, Liu X J. 2016. How international is the annual meeting of the association of American geographers? A social network analysis perspective [J]. Environment and Planning A, 48 (2): 309-329.

Doloreux D. 2002. What we should know about regional systems of innovation [J]. Technology in society, 24 (3): 243-263.

Doloreux D, Edquist C, Hommen L. 2003. The institutional and functional underpinnings of the regional innovation system of East-Gothia in Sweden [C] . Druid Summer Conference: 1-41.

Edquist C. 1997. Systems of Innovation Approaches - Their Emergence and Characteristics [M] //Edquist C. Systems of Innovation: Technologies, Institutions and Organizations. London: Printer.

Edquist C. 2000. Systems of Innovation Approaches-Their Emergence and Characteristics [M] // Edquist C, McKelvey M. Systems of Innovation: Growth, Competitiveness and Employment. Cheltenham: Edward Elgar.

Feldman M P. 1994. The Geography of Innovation [M]. Netherland: Springer.

Fernández A, Ferrándiz E, León M D. 2016. Proximity dimensions and scientific collaboration among academic institutions in Europe: The closer, the better? [J] Scientometrics, 106 (3), 1073-1092.

Freeman C, Soete L. 1997. The Economics of Industrial Innovation [M]. Cambridge: MIT Press.

Freeman C. 1987. Technical Innovation, Diffusion, and Long Cycles of Economic Development [M] // Vasko T. The Long-Wave Debate. Berlin, Heidelberg: Springer.

Freeman L C. 1991. Networks of innovators: A synthesis of research issues [J]. Research Policy, 20 (5): 499-514.

Freeman R B. 2010. Globalization of scientific and engineering talent: international mobility of students, workers, and ideas and the world economy [J]. Economics of Innovation New Technology, 19 (5): 393-406.

Fromhold-Eisebith M. 2004. Innovative milieu and social capital–complementary or redundant concepts of collaboration-based regional development? [J]. European planning studies, 12 (6): 747-765.

Friedmann J. 1966. Regional Development Policy: A Case Study of Venezuela [M]. Cambridge, MA: MIT press.

Gallaud D, Torre A. 2005. Geographical Proximity and The Diffusion of Knowledge [M] // Fuchs G, Shapira P. Rethinking Regional Innovation and Change: Path Dependency or Regional Breakthrough. New York: Springer.

Giuliani E, Bell M. 2005. The micro-determinants of meso-level learning and innovation: Evidence from a Chilean wine cluster [J]. Research Policy, 34 (1): 47-68.

Graf H, Henning T. 2009. Public research in regional networks of innovators: A comparative study of four east German Regions [J]. Regional Studies, 43 (10): 1349-1368.

Graf H, Kalthaus M. 2018. International research networks: Determinants of country embeddedness [J]. Research Policy, 47 (7): 1198-1214.

Graf H, Krager J. 2011. The Performance of Gatekeepers in Innovator Networks [J]. Industry & Innovation, 18 (1): 69-88.

Graf H. 2011. Gatekeepers in regional networks of innovators [J]. Cambridge Journal of Economics, 35 (1): 173-198.

Gui Q C, Liu C L, Du D B. 2018. Does network position foster knowledge production? Evidence from international scientific collaboration network [J]. Growth and Change, 49 (4): 594-611.

Gunnar M. 1957. Rich Lands and Poor: The Road to World Prosperity [M]. New York: Harper & Brothers.

He C C, Wu J, Zhang Q P. 2019. Research leadership flow determinants and the role of proximity in research collaborations [J]. Journal of the Association for Information Science and Technology, 1-16.

Hirschman A O. 1958. The Strategy of Economic Development [M]. New Haven: Yale University Press.

Huggins R, Thompson P, Johnston A. 2012. Network capital, social capital, and knowledge flow: How the nature of inter-organisational networks impacts on innovation [J]. Industry and Innovation, 19 (3): 203-232.

Huggins R, Thompson P. 2014. A network-based view of regional growth [J]. Journal of Economic Geography, 14 (3): 511-545.

Huggins R. 2010. Forms of network resource: Knowledge access and the role of inter-firm networks [J]. International Journal of Management Reviews, 12 (3): 335-352.

Humphrey J, Schmitz H. 2002. How does insertion in global value chains affect upgrading in industrial clusters? [J]. Regional Studies, 36 (9): 1017-1027.

Leibenstein H. 1957. Economic Backwardness and Economic Growth [M]. New York: Wiley.

Lundvall B A. 1992. National Systems of Innovation-toward A Theory of Innovation and Interactive Learning [M]. London: Pinter Publishers.

Lewis W A. 1954. Economic development with unlimited supplies of labour [J]. The Manchester School, 22: 139-191.

Ma H T, Fang C L, Lin S N, et al. 2018. Hierarchy, clusters, and spatial differences in Chinese inter-city networks constructed by scientific collaborators [J]. Journal of Geographical Science, 28 (12): 1793-1809.

Ma H T, Fang C L, Pang B, et al. 2015. Structure of Chinese city network as driven by technological knowledge flows [J]. Chinese Geographical Science, 25 (4): 498-510.

Maggioni M A, Nosvelli M, Uberti T E. 2007. Space versus networks in the geography of innovation: A European analysis [J]. Papers in Regional Science, 86 (3): 471-493.

Maggioni M, Uberti E. 2011. Networks and geography in the economics of knowledge flows [J]. Quality and Quantity: 45 (5): 1031-1051.

Malerba F. 2005. Sectoral systems of innovation: A framework for linking innovation to the knowledge base, structure and dynamics of sectors [J]. Economics of Innovation and New Technology, 14 (1-2): 63-82.

Malerba F. 2002. Sectoral systems of innovation and production [J]. Research Policy, 31 (2): 247-264.

Malerba F, Nelson R, Orsenigo L, et al. 2008. Vertical integration and disintegration of computer firms: a history friendly model of the coevolution of the computer and semi-conductor industries [J]. Industrial and Corporate Change, 17 (2): 197.

Metcalfe J S. 1995. Technology systems and technology policy in an evolutionary framework [J]. Cambridge Journal of Economics, 19 (1): 25-46.

Miorner J, Zukauskaite E, Trippl M, et al. 2018. Creating institutional preconditions for knowledge flows in cross-border regions [J]. Environment and Planning C: Politics and Space, 36 (2): 201-218.

Mitze T, Strotebeck F. 2019. Determining factors of interregional research collaboration in Germany's biotech network: Capacity, proximity, policy? [J]. Technovation, 80 (3): 40-53.

Myrdal G. 1957. Economic Theory and Underdeveloped Regions [M]. New York: Harper & Row.

Nelson R R. 1993. National Innovation Systems: A Comparative Analysis. Oxford: Oxford University Press.

Nelson R R. 1956. A theory of the low-level equilibrium trap in underdeveloped economies. American Economic Association, 46 (5): 894-908.

OECD. 1997. National Innovation Systems [R]. Paris: OECD.

OECD. 1996. National Innovation Systems [R]. Paris: OECD.

Oerlemans L, Meeus M. 2005. Do organizational and spatial proximity impact on firm performance? [J]. Regional Studies, 39 (1): 89-104.

Owen-Smith J, Powell W W. 2004. Knowledge networks as channels and conduits: The effects of spillovers in the Boston Biotechnology Community [J]. Organization Science, 15 (1): 5-21.

Pavlinek P. 2012. The internationalization of corporate R&D and the automotive industry R&D of east-central Europe [J]. Economic Geography, 88 (3): 279-310.

Ponds R, Van Oort F, Frenken K. 2007. The geographical and institutional proximity of research collaboration [J]. Regional Science, 86 (3): 423-443.

Porter M E. 1990. The Competitive Advantage of Nations. Harvard Business Review, 68 (2): 73-93.

Powell W W, White D R, Koput K W, et al. 2005. Network dynamics and field evolution: The growth of interorganizational collaboration in the life sciences [J]. American Journal of Sociology, 110 (4): 1132-1205.

Perroux F. 1955. The concept of growth pole [J]. Applied Economics, 8: 309-320.

Porter M E. 1993. Competitive advantage, agglomeration economies, and regional policy [J]. International Regional Science Review, 19 (1-2): 85-90.

Scott A J. 2004. A perspective of economic geography [J]. Journal of Economic Geography, 4 (5): 479-499.

Scott M. 2015. Re-theorizing social network analysis and environmental governance: Insights from human geography [J]. Progress in Human Geography, 39 (4): 449-463.

Smits R, Kuhlmann S. 2004. The rise of systemic instruments in innovation policy [J]. International Journal of Foresight and Innovation Policy, 1 (1-2): 4-32.

Stokes D E. 1997. Pasteur's Quadrant: Basic Science and Technological Innovation [M]. Washington D. C.: Brookings Institution Press.

Storper M. 1993. Regional "worlds" of production: Learning and innovation in the technology districts of France, Italy and the USA [J]. Regional Studies, 27 (5): 433-455.

Schumpeter J A. 1934. The Theory of Economic Development [M]. Cambridge: Harvard University Press. Wiig K M. 1995. Knowledge Management Methods: Practical Approaches to Managing Knowledge [M]. Arlington, TX: Schema Press.

Wu A, Wang C C, Li S. 2015. Geographical knowledge search, internal R&D intensity and product innovation of clustering firms in Zhejiang, China [J]. Papers in Regional Science, 94 (3): 553-572.

Williamson J G. 1965. Regional inequality and the process of national development: A description of the patterns [J]. Economic Development and Cultural Change, 13: 3-47.

Yeung H W C. 2005. Rethinking relational economic geography [J]. Transactions of the Institute of British Geographers, 30 (1): 37-52.

Yeung H W. 2002. Towards a relational economic geography: Old wine in new bottles? [C]. The 98th Annual Meeting of the Association of American Geographers, Los Angeles, USA.